**新能源汽车关键技术研究丛书**

Solar Powered Charging
Infrastructure for Electric Vehicles
A Sustainable Development

太 阳 能 充 电 站

[美]拉里·E·埃里克森（Larry E. Erickson）
[美]杰西卡·罗宾逊（Jessica Robinson） 主编
[美]加里·布拉塞（Gary Brase）
[美]杰克逊·库特索（Jackson Cutsor）

陈 勇 译

北京理工大学出版社
BEIJING INSTITUTE OF TECHNOLOGY PRESS

版权专有 侵权必究

### 图书在版编目（CIP）数据

充电模式的变革：太阳能充电站 / （美）拉里·E·埃里克森等主编；陈勇译．
—北京：北京理工大学出版社，2020.3
书名原文：Solar Powered Charging Infrastructure for Electric Vehicles—A Sustainable Development
ISBN 978-7-5682-8215-4

Ⅰ. ①充… Ⅱ. ①拉…②陈… Ⅲ. ①电动汽车-太阳能发电-充电-电站 Ⅳ. ①U469.72

中国版本图书馆 CIP 数据核字（2020）第 037347 号

北京市版权局著作权合同登记号 图字：01-2017-3067

Solar Powered Charging Infrastructure for Electric Vehicles: A Sustainable Development 1st Edition / by Larry E. Erickson , Jessica Robinson , Gary Bras , Jackson Cutsor / ISBN: 978-1-4987-3156-0

Copyright© 2017 by Taylor & Francis Group, LLC.

Authorized translation from English language edition published by CRC Press, part of Taylor & Francis Group LLC; All rights reserved. 本书原版由 Taylor & Francis 出版集团旗下，CRC 出版公司出版，并经其授权翻译出版。版权所有，侵权必究。

Beijing Institute of Technology Press is authorized to publish and distribute exclusively the **Chinese (Simplified Characters)** language edition. This edition is authorized for sale throughout **Mainland of China**. No part of the publication may be reproduced or distributed by any means, or stored in a database or retrieval system, without the prior written permission of the publisher. 本书中文简体翻译授权由北京理工大学出版社独家出版并在限在中国大陆地区销售。未经出版者书面许可，不得以任何方式复制或发行本书的任何部分。

Copies of this book sold without a Taylor & Francis sticker on the cover are unauthorized and illegal. 本书封面贴有 Taylor & Francis 公司防伪标签，无标签者不得销售。

| | |
|---|---|
| 出版发行 / | 北京理工大学出版社有限责任公司 |
| 社　　址 / | 北京市海淀区中关村南大街 5 号 |
| 邮　　编 / | 100081 |
| 电　　话 / | （010）68914775（总编室） |
| | （010）82562903（教材售后服务热线） |
| | （010）68948351（其他图书服务热线） |
| 网　　址 / | http://www.bitpress.com.cn |
| 经　　销 / | 全国各地新华书店 |
| 印　　刷 / | 三河市华骏印务包装有限公司 |
| 开　　本 / | 710 毫米 × 1000 毫米　1/16 |
| 印　　张 / | 13.25 |
| 字　　数 / | 198 千字 |
| 版　　次 / | 2020 年 3 月第 1 版　2020 年 3 月第 1 次印刷 |
| 定　　价 / | 98.00 元 |

| |
|---|
| 责任编辑 / 王玲玲 |
| 文案编辑 / 王玲玲 |
| 责任校对 / 周瑞红 |
| 责任印制 / 李志强 |

书出现印装质量问题，请拨打售后服务热线，本社负责调换

# Translators / 译者序

充电基础设施是电动汽车产业的重要组成部分，是产业发展的关键。电动汽车在国家能源结构调整过程中的重要地位日益显现，需要充电基础设施快速协调发展。2015 年 11 月国家发展改革委、国家能源局、工业和信息化部、住房城乡建设部联合发布了《电动汽车充电基础设施发展指南（2015-2020年）》，对"十三五"的充电基础设施进行了规划，将充电基础设施放在更加重要的位置。太阳能属于清洁能源。太阳能充电基础设施是依靠太阳能进行电动汽车充电的一种模式，有助于缓解电动汽车的里程焦虑和充电焦虑，利于环境保护，是向可持续交通转型的重要途径之一。

本书由堪萨斯州立大学危险物质研究中心主任 Larry E. Erickson 教授牵头编写，较全面地介绍了太阳能充电站的优势、应用场景、选址、商业模式和生命周期，以及相关的电能储存、智能电网的调配、电动汽车产业发展和激励政策。随着太阳能发电效率不断提高，低成本太阳能发电对可持续交通转型具有重要意义，太阳能充电站的应用将越来越广泛。希望本书的出版能为太阳能充电站的发展提供基础性的参考。

在本书翻译的过程中，得到北京理工大学孙逢春院士的热情鼓励与悉心指导，在此深表感谢。麦格纳卫蓝新能源汽车技术（镇江）有限公司北京分公司陈若愚承担了全书的校对和排版工作，在此表示感谢。

感谢北京电动车辆协同创新中心、北京市教育委员会北京市属高等学校长城学者培养计划项目（项目号：CIT&TCD20130328）的支持。

由于译者的水平有限，书中肯定有错误和不当之处，恳请读者给予指正。

译　者

# Foreword / 序

  为了提高我们的日常生活质量，工程师们在努力开发新技术。虽然有些技术对开发工程师是有意义的，但是新技术应用的挑战总是存在于新技术对经济或社会的影响及经济或社会的接受程度中。本书介绍了在建设和接受两方面已经产生了多种影响的两项技术在技术、经济和社会方面所蕴含的信息。电动汽车充电基础设施使用太阳能作能源，可以为电动汽车的全球应用，以及那些因工业化和汽车数量增加而引起排放增加的国家，提供减少排放、改善空气质量的契机。

  本书是高等教育中协作的一个出色范例，有助于提高最先进的技术，培养我们未来的工程技术人员，宣传在当今和未来的能源方面所面临的挑战、问题和解决方案。来自堪萨斯州立大学五个不同部门的教师综合介绍了他们在经济学、心理学、电力、空气质量和可再生能源领域的专业知识，以进行电动汽车用太阳能的全面评估。此外，来自全国的工科大学生也为国家科学基金会本科生科研体验项目的延伸做出了贡献。本书得到"建立差异化世界"计划 Black and Veatch 基金会的支持。

  本书将成为包括普通读者在内的众多受众的有用资源，可以用于可再生能源类课程介绍、工程类课程入门，甚至高层次工程选修课。本书直接回应美国国家工程院两项工程大挑战：① 使太阳能的应用更加经济；② 恢复和改善城市的基础设施。

  我赞赏本书的作者和编辑向未来几代人分享和推广太阳能充电站技术这一主题。

Dr. Noel Schulz
IEEE Fellow
堪萨斯州立大学

# Preface / 前言

除非你非常关心,否则什么都不会变得更好。真的不会。

——Dr. Seuss

自 2009 年以来,堪萨斯州立大学每年挑选 10~18 名大学生参加为本科生开设的为期 10 周的夏季研究体验项目,即"地球、风和火:21 世纪的可持续能源",由国家科学基金会提供大部分财政支持。每年夏天,我们都有一个团队项目,涉及在停车场使用太阳能电池板发电。电动汽车(EV)太阳能充电站(SPCS)的概念源于以电动汽车的兴趣和发展进程为主题的早期对话。在第二份手稿(Robinson 等,2014)出版后不久,我们收到编写关于电动汽车太阳能充电站方面书籍的邀请。因为所有与 SPCS 及电动汽车相关的问题纷繁复杂而又意义重大,我们决定编写这本书。在这个可持续发展的时代,考虑到环境因素的影响正在受到越来越多的关注,我们将这些主题纳入本书。

本书是为分布在各地的所有人所写,因为向太阳能和风能发电的转型及交通电气化将影响每个人。未来的 50 年,太阳能发电将变得更加重要,电动汽车的数量将从目前使用的 100 多万辆增长到更大的数量。世界上已经有许多 SPCS,然而,安装太阳能电池板的停车场数量过渡到超过 2 亿个由 SPCS 提供的遮阳停车位的过程并不容易。这将得益于受过教育的公众,他们了解 SPCS 和电动汽车的价值、存在的问题与优势。本书介绍与 SPCS 和电动汽车相关的主题。我们阐述了涉及社会、环境、经济、政策和组织机构方面的主题内容,以及这些主题涉及的复杂和多学科层面问题。相关主题包括电动汽车充电基础设施、电池、储能、智能电网、分时(TOU)电价、城市空气质量、SPCS 的商业模式、政府监管问题、税收、财政激励措施和工作就业等。

在全球范围内,每年用于发电和用电以及汽车行驶的每一项开支都超过 1

万亿美元。从拥有 2 亿个 SPCS 和电动汽车的风能与太阳能发电向更多电力的转型是昂贵的，需要大量的资金投入。然而，这种转型已经开始了，太阳能电池板和电池的价格正在下降是原因之一；另一个原因在于风能和太阳能发电，以及交通电气化减少了温室气体排放。

2015 年 12 月 12 日通过的《巴黎气候变化协定》是在许多方面向前迈出的重要一步。现在几乎一致认为减少温室气体排放是好事。本书阐述减少温室气体的方法。为了在 2100 年之前实现二氧化碳排放和削减之间平衡的目标，向 SPCS 和电动汽车转型方面要取得显著进展。二氧化碳排放的两个最大来源是发电和交通。在全球范围内，空气质量是许多大城市面临的主要问题，向电动汽车转型有益于生活在这些城市的居民健康。运输领域是造成空气污染的最大原因之一，消除燃烧排放是改善空气质量的好办法。

监管和政策问题在本书中有所涉及，因为目前在许多地方限制电力销售。财务和环境方面导致复杂的商业模式，商业模式可用于出资建设和运营 SPCS 并从中获利。涉及政府、监管委员会、银行和金融机构方面的人员，需要掌握 SPCS 对电动汽车基础设施的价值和重要性。希望鼓励环境进步的环保组织成员将从阅读本书中受益。我们希望这本书将有助于那些对可持续发展和通往可持续发展世界的最佳途径感兴趣的人。

作为读者的你可以有所作为。有些读者可以做出更大贡献，因为他们能够影响政策或公司决策，但每个读者都可能不作为。每个人的行动都可以为更可持续的世界带来重大变化，这才是每个人都期望的。

Robinson, J., G. Brase, W. Griswold, C. Jackson, and L. E. Erickson. 2014. Business models for solar powered charging stations to develop infrastructure for electric vehicles, Sustainability 6: 7358–7387.

Larry E. Erickson

Jessica Robinson

Gary Brase

Jackson Cutsor

# Acknowledgments / 致谢

许多人一直支持和帮助推进科学、技术以及对开发基础设施非常重要的进程，以实现使许多停车场布满为电动汽车充电的太阳能充电站（SPCS）。本书的编写是一个团队项目，感谢所有帮助过我们的人。我们力图通过列出章节的作者，表示得到了他们的授权。Gary Brase、Jackson Cutsor、Larry E. Erickson 和 Jessica Robinson 帮助撰写了几章并编辑了那几章，他们都是本书的编辑。

国家科学基金会自 2009 年以来，每个暑假资助堪萨斯州立大学的学生开展"地球、风和火：21 世纪可持续能源研究"体验项目（NSF EEC 0851799，1156549 和 1460776）。每年夏天我们都有一个团队项目，其中还包括一些与 SPCS 研究项目相关的其他本科生。我们感谢所有的学生和所有帮助这些团队项目的人，是他们帮助更好地掌握与推进 SPCS 有关的问题。

堪萨斯州立大学每年夏天举办 CHE 670 可持续发展研讨会。许多人作为演讲者和以其他方式帮助这些研讨会，帮助我们理解正在发生的能源转型，以及 SPCS 和电动汽车在促进可持续发展和减少温室气体排放方面的重要性。我们感谢所有参加这些研讨会和年度可持续发展对话的人。

自 2012 年以来，Black and Veatch 基金会资助了"用电动汽车太阳能充电站建设差异化的世界"项目，这笔资金也支持了许多开展 SPCS 研究的学生。我们要感谢 Black and Veatch 基金会提供的资金，还要感谢 Charles Pirkle、Kevin Miller、Forrest Terrell 和 William Roush 的帮助。

我们还要感谢电力联盟计划和该计划中的 Noel Schulz 领导层，在电力、智能电网和决策支持系统相关的研究中获得了财政支持，这些都与 SPCS、电动汽车和其他相关主题有关。

### 充电模式的变革：太阳能充电站

SPCS 的研究计划受益于环境管理和可持续性联合会（CESAS）参与者网络的贡献。我们感谢所有通过 CESAS 提供帮助的人。

除了那些被列为本书的作者的人之外，我们还要感谢 Darwin Abbott、Placidus Amama、Jennifer Anthony、Jack Carlson、Danita Deters、Bill Dorsett、Keith Hohn、Jun Li、Ruth Miller、Behrooz Mirafzal、Bala Natarajan、John Schlup、Florence Sperman 和 Sheree Walsh 所给予的帮助。

在这本书出版过程中，Irma Britton 提供了许多有价值的想法，对此我们表示感谢。

每章开头使用的引语取自 Brainy Quotes、Goodreads 和 Phil Harding Quotes Corner，我们感谢他们提供了许多好的值得深思的引语。

Larry E. Erickson

Jessica Robinson

Gary Brase

Jackson Cutsor

# Contributors / 撰稿人

Michael Babcock 是堪萨斯州立大学经济学教授。他的研究包括电动汽车的使用率，他在运输经济学方面的卓越研究使他获得了多个国家奖项。

Gary Brase 是堪萨斯州立大学心理科学教授。他的研究包括个人决策过程。

Jackson Cutsor 是内布拉斯加州林肯大学电气工程本科生，2015 年夏天在堪萨斯州立大学帮助开展研究工作和编写本书。

Larry E. Erickson 是堪萨斯州立大学化学工程专业的教授和危险物质研究中心主任。他是 NSF REU 奖和 Black and Veatch 奖（见致谢）的主要参与者。

Ronaldo Maghirang 是堪萨斯州立大学生物和农业工程专业教授。他是研究空气质量的。

Anil Pahwa 是堪萨斯州立大学电气与计算机工程专业的教授。他的研究涉及电力系统。他是 Black and Veatch 奖和电力联盟计划奖的主要参与者（见致谢）。

Matthew Reynolds 是堪萨斯州立大学化学工程专业本科生，在 2014 年夏季和 2014 学年中帮助开展研究工作和编写本书。

Jessica Robinson 是北卡罗来纳大学的本科生，他在 2014 年和 2015 年的夏天及 2015 年的秋冬季帮助开展研究工作和编写本书。

Blake Ronnebaum 是堪萨斯州立大学化学工程专业本科生，在 2014 年夏天和 2015 年秋天帮助开展研究工作和编写本书。

Rachel Walker 是堪萨斯州立大学化学工程专业本科生，2015 年夏天帮助开展研究工作和编写本书。

Andrey Znamensky 是哥伦比亚大学化学工程专业本科生，2015 年夏天在堪萨斯州立大学期间帮助开展研究工作和编写本书。

# Contents / 目录

1 简介 /1
    1.1    太阳能发电和电动汽车 /4
    1.2    太阳能充电站（SPCS） /4
    1.3    空气质量 /5
    1.4    电池储能和基础设施 /6
    1.5    就业 /6
    1.6    万亿美元的研究挑战 /7
    1.7    实时电价 /7
    1.8    遮阳停车场 /7
    1.9    太阳能充电站和电动汽车充电的商业模型 /8
    1.10   经济外部性 /8
    1.11   挑战与机遇 /8
    1.12   可持续发展 /9
    1.13   本书的目标 /9
    参考文献 /10

2 电动汽车 /11
    2.1    引言 /13
    2.2    电动汽车的历史 /14
    2.3    电动汽车的特点 /15
    2.4    电动汽车的充电 /16
    2.5    目前市场上销售的电动汽车 /17
    2.6    环境效益和经济效益 /18

  2.7 电动汽车的缺点与面临的挑战 / 21

  参考文献 / 22

## 3 太阳能充电站 / 25

  3.1 太阳能充电站的社会效益 / 28

  3.2 太阳能充电站的环境效益 / 29

  3.3 经济效益 / 30

  3.4 电动汽车的供电设备 / 31

  3.5 太阳能充电站的选址 / 32

  3.6 能量存储 / 33

  3.7 太阳能充电站的商业模式 / 34

  3.8 太阳能充电站的生命周期分析 / 36

  3.9 总结 / 36

  参考文献 / 36

## 4 电动汽车充电基础设施 / 39

  4.1 引言 / 41

  4.2 电力需求的调控 / 42

  4.3 发电、输电、配电和智能电网 / 43

  4.4 太阳能充电站的成本和建设要求 / 44

  4.5 太阳能充电站选址 / 45

    4.5.1 适于太阳能充电站位置的充电级别 / 46

    4.5.2 长途旅行 / 47

    4.5.3 未来可能存在的问题 / 47

  4.6 太阳能充电站融资策略 / 49

  4.7 电动自行车、电动卡车及商务和政府车队 / 50

    4.7.1 电动自行车和电动摩托车 / 50

    4.7.2 电动卡车 / 50

    4.7.3 商业和政府车队 / 52

  4.8 公共交通电动化 / 53

  4.9 电动汽车和太阳能充电站基础设施的未来 / 54

4.10　总结 / 55
参考文献 / 56

## 5　电池和储能 / 59
5.1　引言 / 61
5.2　电池 / 61
5.3　电池的成本 / 63
5.4　能量储存 / 64
5.5　总结 / 66
参考文献 / 66

## 6　电网现代化 / 69
6.1　引言 / 71
6.2　智能电网是什么？ / 72
6.3　智能电网的优点 / 73
6.4　电动汽车和太阳能充电站 / 75
6.5　总结 / 78
参考文献 / 79

## 7　分布式可再生能源发电 / 81
7.1　引言 / 83
7.2　太阳能光伏（PV） / 84
　　7.2.1　基本原理 / 84
　　7.2.2　太阳能发电的经济学 / 85
7.3　风能 / 86
7.4　储能 / 86
7.5　总结 / 87
参考文献 / 88

## 8　城市空气质量 / 89
8.1　背景 / 91

8.2　环境空气质量标准和法规 / 92

8.3　国家空气质量趋势 / 94

8.4　电动汽车和太阳能充电站对环境和经济的影响 / 95

8.5　总结 / 99

参考文献 / 99

## 9　经济、金融与政策 / 105

9.1　引言 / 107

9.2　传统汽车的外部成本 / 108

 9.2.1　人类健康 / 108

 9.2.2　外交事务 / 109

 9.2.3　环境 / 110

 9.2.4　传统车辆排放的总体外部成本 / 110

9.3　电动汽车的外部成本 / 111

9.4　电动汽车应用的经济学 / 114

9.5　太阳能充电站（SPCS）/ 116

9.6　融资与政策 / 124

9.7　与可持续发展的关系 / 126

9.8　总结 / 127

参考文献 / 127

## 10　可持续发展 / 133

10.1　引言 / 135

10.2　《巴黎气候变化协定》/ 135

10.3　联合国可持续发展目标 / 136

10.4　可持续发展的复杂性 / 137

10.5　总结 / 140

参考文献 / 141

## 11　国际机遇 / 143

11.1　全球的电动汽车销量 / 146

11.2 欧洲 / 146
　　11.2.1 电动汽车的最高销量 / 146
　　11.2.2 政策 / 147
　　11.2.3 挪威 / 148
　　11.2.4 荷兰 / 150
　　11.2.5 英国 / 152
　　11.2.6 法国 / 154
　　11.2.7 德国 / 157
　　11.2.8 丹麦 / 159
11.3 亚洲 / 161
　　11.3.1 中国 / 162
　　11.3.2 日本 / 166
11.4 澳大利亚 / 169
　　11.4.1 销售最好的电动汽车 / 169
　　11.4.2 目前状况 / 169
　　11.4.3 政策 / 170
　　11.4.4 激励措施 / 170
　　11.4.5 基础设施 / 171
　　11.4.6 问题和改进措施 / 172
11.5 总结 / 172
参考文献 / 173

## 12 结论 / 183

12.1 发展总结 / 185
12.2 重大研发挑战 / 185
12.3 新技术的整合与应用 / 186
12.4 教育并实现伟大转变 / 187
12.5 联合国《巴黎气候变化协定》 / 189
参考文献 / 189

索引 / 191

# 1

# 简 介

Larry E. Erickson, Gary Brase, Jackson Cutsor, Jessica Robinson

> 我们不能用在产生问题时所使用的思维来解决我们所面临的问题。
>
> Albert Einstein

# 1 简介

化石燃料动力的配套基础设施建设和运输的工程量巨大且复杂。这些基础设施包括成千上万的油田、管道、大型炼油厂和卡车，需要向 150 000 个以上的加油站和服务站配送汽油。在美国有超过 2.5 亿辆乘用车的保有量和大量的停车场。根据美国能源信息署统计，美国的私人汽车每天消耗超过 3.78 亿加仑[①]的汽油，这超过美国石油总消费量的 45%。

运输业消耗的石油是温室气体的主要来源。除此之外，燃煤发电厂排放了大量的二氧化碳。2014 年 12 月，在秘鲁利马举行的联合国 COP 20（第二十届缔约方会议，译者注）上，来自近 200 个国家的许多代表们签署了减少温室气体排放的协议。2015 年 12 月 12 日，《联合国气候变化框架公约》（UNFCCC，2015）的缔约国通过了《巴黎气候变化协定》。该协议致力于减少温室气体排放，直至大气中的二氧化碳浓度不再增加。目标是在 2100 年之前实现二氧化碳的排放和削减之间保持平衡，需要尽快开始实施（UNFCCC，2015）。同样，清洁电力计划（U.S. EPA，2015）要求更多的电力来自可再生资源。该计划的主要目标之一就是减少温室气体的排放。然而，这意味着使用更少的煤和石油。可持续性发展面临的一个巨大挑战在于增加来自可再生资源的能源比例。化石燃料的不可再生性及其燃烧后排放的温室气体是推动开发可持续发展新技术的重要原因。到 2050 年减少 80% 的温室气体排放的目标是现实可行的，但是我们怎么才能实现这一目标呢？交通电气化和增大用可再生能源甚至核能发电的比例是实现这一目标的关键一步（Williams 等，2012）。在实现这一目标的过程中，向电动汽车的转型和进行电动汽车太阳能充电站的建设还有很长的路要走。这有利于从可再生资源中获得大部分的电力需求，也有利于减少温室气体排放和石油的用量。

气候变化是一个"超级邪恶的问题"，因为它不仅是全球性的，而且影响到每个人，乃至整个生态系统（Walsh，2015）。气候变化与我们的生活息息相关，所以必须加以解决。因为需要所有国家参与，所以很难有好的解决办法并付诸行动。由于潜在影响和波及的范围存在不确定性，所以政策方面的挑战涉及立法的制定和执行，这也是"超级邪恶的问题"。世界需要新技术的研发，确保我们能够过上美好生活的同时，减少 80% 的温室气体排放，为

---

① 1 加仑=4.546 L。

后代提供充足的原材料供应。此外，空气质量也将得到改善。

## 1.1 太阳能发电和电动汽车

通过太阳能发电和电动汽车（EVs）的结合为电动汽车提供基础设施，本书介绍由此带来的巨大挑战和机遇。在电动汽车普及和向可持续能源转型方面，介绍了有说服力又有代表性的案例。

电动汽车比同级别的燃油汽车效率更高。电动汽车结构简单，不需要发动机冷却系统、润滑系统、变速器、排气系统，并且不需要催化转化器，维护成本低。电动机所需的空间很小。

关于可持续能源，特别是风能和太阳能，本书提供了有说服力又有代表性的案例。太阳能发电增长迅速。Lester Brown 和他的同事们（2015）阐述了从化石燃料到风能和太阳能发电的巨大转变。风能和太阳能的技术水平在快速提高，价格已经下降了。太阳能发电不仅安静，而且越来越高效，在许多地方，从经济性的角度来看，已经发展到和其他发电形式的经济性相当的水平（Brown 等，2015）。我们关注着欧洲和世界许多其他地区出现的分布式太阳能发电快速增长势头。

将太阳能发电和电动汽车结合，得到了一种互利的相互作用效应。也就是说，这两种技术均放大了彼此的清洁效果，比如电动汽车中的电池可以存储由太阳能电池板产生的清洁电能。因为电动汽车中的电池可以存储能量，并且电动汽车用户可以决定在电力成本低时充电，电动汽车可以有利于风能和太阳能发电的电网以及按分时电价计费。

## 1.2 太阳能充电站（SPCS）

一种基础设施替代方案就是在停车场中修建太阳能充电站（SPCS）发电并汇入电网。太阳能电池板覆盖 2 亿个停车位，有可能产生 2014 年美国总发电量的 1/4~1/3。带有太阳能电池板的停车位能为车辆提供遮阳和避雨雪的停车环境。同时，电网可以用于对 EV 的电池充电。

设想一个拥有智能电网、数以百万计的电动汽车、数以百万计的太阳能充电站，太阳能和风能是最主要的能源，并极大降低因燃烧煤和石油所引起的尾气排放的世界，将是什么样子。得益于风能、太阳能和电动汽车的推广，许多国家有独立的能源系统（至少从尼克松政府开始是美国的政治目标）。人们在燃料（能源）和车辆维护上的花费更少。清洁的空气不仅具有社会价值，而且有利于健康。

受汽车和发电站使用寿命的影响，向太阳能充电站和智能电网支撑的电动汽车转型仍需要一段时间。但最近在太阳能电池板和电池发展方面的进步使这种转型成为可能。随着研发的不断开展，太阳能电池板和车用电池的价格会下降，转型速度会进一步加快。在意识到电动汽车比燃油汽车使用成本更低、使用更方便后，越来越多的人会考虑购买电动汽车。

新安装太阳能电池板的数量一直在快速增长。2015—2050 年，可持续发展的进程应包含增加数以百万计的电动汽车和太阳能充电站，以及建设具备分时电价功能的智能电网。2050 年销售的主力车型可能是插电式混合动力电动汽车。2015 年 10 月 14 日，丰田公司宣布到 2050 年的目标是其新车的二氧化碳排放量减少 90%（Japan for Sustainability，2015）。这些发展预期具有大量减少温室气体排放和创造许多就业机会的可能。

## 1.3 空气质量

城市的空气质量将会得到改善，因为电动汽车由太阳能产生的电力驱动，没有排放二氧化碳。城市空气质量的改善会对社会、环境、经济和健康方面带来益处。如果所有交通工具都使用电动汽车，并且这些车辆由风能和太阳能供电，那么，这些城市生活的质量将比世界上的许多城市好许多。

随着电动汽车的数量增加，汽油的用量会减少，其价格也就会下降。由于供应量增加和需求量减少，2014 年年底汽油价格下跌了。部分原因在于 2014 年全球销售了超过 300 000 辆电动汽车并投入使用。随着更多的电动汽车销售出去，这种增减关系会越发明显。

## 1.4　电池储能和基础设施

目前电动汽车的电池尽管很贵，但非常重要，因为电动汽车行驶所需的能量存储在其中。对电动汽车用户而言，最重要的是，不管电动汽车停在哪里都能充电。电动汽车中电池包的容量大小与充电基础设施有关，因为如果功能全面的基础设施可用且方便，电动汽车用户可以有多种原因使用电动汽车。例如，如果有一个基础设施可在用户工作时为电动汽车充电，那么一个续驶里程为 85 mile[①] 的电动汽车可以满足上下班距离 50 mile 的用户需求。就为电动汽车充电的时间和地点而言，分布广泛的充电基础设施能为电动汽车用户提供更多的选择和便利。这一点很重要，因为储电基础设施作为电网的一部分，储能有限甚至没有储电能力时，发电和用电就需要维持平衡。如果电动汽车只能在家里充电，那么回家时更需要给电池充电，以便为下一次出行做准备。这可能导致的结果之一就是，在热天下午的 5:30 下班之后对大量电动汽车电池进行充电，而此时电网负荷已经接近其最大容量了。

太阳能充电站的便捷可用有助于分散电网需求。最后，随着电动汽车电池容量增大，进而增加其续驶里程，也就意味着电动汽车在需要充电之前能够行驶更远的距离，同时也降低了电动汽车停靠充电站的频率。

## 1.5　就　　业

太阳能充电站的建设和电网的现代化将会为太阳能充电站所在地提供建筑和电气方面的工作机会，也会为安装智能电网系统的技术人员提供就业机会。在太阳能充电站建设和智能电网设备制造所涉及的配件和材料相关的行业也会有就业机会。同样，也需要太阳能电池板、逆变器、智能电表、软件、结构材料、通信设备和充电站。

---

① 1 mile=1.61 km。

## 1.6　万亿美元的研究挑战

电动汽车重要的发展潜力之一就是使电池更便宜，也就是要降低每千瓦时储能的成本或每英里续驶里程的成本。目前，许多电动汽车大约每千瓦时行驶 3 mile。2015 年，电池成本约为 300 美元/kWh 或 100 美元/mile（Nykvist 和 Nilsson，2015）。成本下降 1/3 将对社会有超过 1 万亿美元的贡献，并且也会使电动汽车单价降低 500~10 000 美元，这和电池的容量大小有关。

## 1.7　实时电价

为电动汽车开发太阳能充电基础设施涉及许多方面。接入电网的电力应合理定价和使用。实时价格或时间使用率有利于电动汽车、太阳能充电站和电网。实时电价反映了电网上当前的需求。因此，峰值功率时段电价较高。这些定价策略影响电动汽车用户何时为汽车充电。太阳能电池板在白天产生电力，此时电价高于平均值。当电力需求低及按分时电价计费时，夜间充电已被证明对许多地方的公用事业和电动汽车用户有利，电动汽车电池充电就方便多了。装备了电池的大量电动汽车改变了电网的动态特性，因为大量的存储能量可用，并且价格调整可以用于在需要存储剩余电力时鼓励充电。但是，有效的通信和实时电价是电网现代化所必需的。

## 1.8　遮阳停车场

在停车场建设太阳能充电站的一个重要方面是产生遮阳效果。在炎热的晴天把汽车停在阴凉下是多么愉快的事情。如果汽车一直停在阴凉处，其转售价值更高。在停车位上方布置太阳能电池板几乎不占用土地。因此，太阳能充电站作为可再生能源，在土地需求方面比乙醇和风能的需求要少。

## 1.9 太阳能充电站和电动汽车充电的商业模型

太阳能充电站需要合适的商业模式和许可证,原因在于许多地方电能受到监管。太阳能充电站可能涉及多方(停车场业主、充电站业主、公用事业公司、雇主、车主),那么如何支付太阳能充电站基础设施的运行费用?从电动汽车和太阳能充电站获利的是谁?政府政策起什么作用?有许多社会、环境、经济和政策方面的问题需要考虑。对许多人来说,充电站的便利是很重要的。由于行驶 10 mile 的电力成本约为 0.50 美元,并且 1 级充电 2 h 的电力价值小于 1.00 美元,所以诸如免费停车(包括免费充电)的商业模式相当普遍。太阳能充电站基础设施的成本可以通过销售收入、税金或用户费用支付。如果没有与充电相关的金融交易,那么充电就方便、高效了。这些话题将在后面的章节中讨论。

## 1.10 经济外部性

与电动汽车充电基础设施相关的经济性包括一些积极的外部性(其他人间接分享的利益),因为可以计入气候变化减缓和城市空气质量改善的成本。这有助于刺激一些政策决定的出台,以实现到 2050 年温室气体排放量减少 80% 的目标。例如,Saari 等(2015)研究了与减少温室气体排放相关的空气质量共生效益。当气候变化减缓和与交通电气化相关的改善空气质量的益处都考虑在内时,太阳能充电站基础设施的价值就会显著提高。

## 1.11 挑战与机遇

减少温室气体排放和为电动汽车建设太阳能充电站基础设施方面,已经进行了许多行动和持续的努力。这些包括:

① 降低太阳能电池板的成本并提高效率方面的研究。
② 提高电池性能并降低其成本方面的研究。
③ 智能电网开发和实施的进展，包括分时电价。
④ 制定电力公用事业公司安装太阳能充电站的程序，以及获得受监管公用事业公司的收入方面的进展。

这些行动很重要，将在后面的章节中进一步讨论。

## 1.12　可持续发展

Sachs（2015）指出可持续发展是复杂系统的科学。与本书中的话题相关的复杂性源于环境可持续的重要性，以及世界经济、国际社会和环境的相互影响。在公用事业公司受到监管，并且有重要的经济外部性要求时，做出最佳决策是非常困难的。由于太阳辐射和风速的变化，具有大量风能和太阳能的现代化智能电网就更复杂了。电池储能在电网设计和运行方面有非常大的潜力，但是也存在与智能电网相关的复杂问题，包括客户为响应实时价格而调整电动汽车上可再生能源和电池储能的方案。

## 1.13　本书的目标

本书的目标之一是描述从现阶段通向拥有更好的、可持续的交通系统的未来世界之路及所面临的挑战。该系统具有电动汽车、太阳能充电站、实时电价的智能电网、更多存储的能量、温室气体排放的减少、更好的城市空气质量、丰富的风能和太阳能，并能为这个星球上的所有人提供电力。由于各章节的主题错综复杂，所以在各个章节有一些相关主题的考虑。

从广义上来说，需要让受过教育的人做出正确的决策，以便在世界范围内进行卓有成效的管理。本书涉及一些重要话题，有助于为决策者、工程师、公职人员、企业家、教师、学生和组织机构人员提供信息，以利于他们协同工作，使这个世界变得更好。

在个人层面上，本书的另一个目标是，对那些希望拥有电动汽车和太阳能充电站的人给予鼓励和感谢。许多读者将会参与到具有可变价格的智能电网现代化进程中，对分时电价和实时电价所带来效益的理解对他们会有益处。

## 参考文献

Brown, L. R., J. Larson, J. M. Roney, and E. A. Adams. 2015. The Great Transition: Shifting from Fossil Fuels to Solar and Wind Energy, W. W. Norton & Co., New York.

Japan for Sustainability. 2015. Toyota announces "Environmental Challenge 2050", Japan for Sustainability Weekly, December 1–7, 2015, http://www.japanfs.org/.

Nykvist, B. and M. Nilsson. 2015. Rapidly falling costs for battery packs for electric vehicles, Nature Climate Change, 5: 329–332.

Saari, R. K., N. E. Selin, S. Rausch, and T. M. Thompson. 2015. A self consistent method to assess air quality co-benefits from U. S. climate policies, Journal of Air and Waste Management Association, 65: 74–89.

Sachs, J. 2015. The Age of Sustainable Development, Columbia University Press, New York.

UNFCCC. 2015. Paris Agreement, United Nations Framework Convention on Climate Change, FCCC/CP/2015/L. 9, December 12, 2015, http://unfccc.int/.

U. S. EPA. 2015. Carbon pollution emission guidelines for existing stationary sources: Electric utility generating units, U. S. EPA: http://www.epa.gov/.

Walsh, B. 2015. President Barack Obama takes the lead on climate change, Time, August 17, 2015.

Williams, J. H., A. DeBenedictis, R. Ghanadan, A. Mahone, J. Moore, W. R. Morrow III, S. Price, and M. S. Torn. 2012. The technology path to deep greenhouse gas emission cuts by 2050: The pivital role of electricity, Science, 335: 53–59.

# 2

# 电动汽车

Rachel Walker,Larry E. Erickson,Jackson Cutsor

> 如果我问人们想要什么,他们会说需要跑得更快的马。
>
> Henry Ford

## 2.1 引　言

电动汽车（EV）的优点是结构简单，便于设计和制造。因为在大多数电动汽车中不用液体的散热器和发动机冷却系统，所以与内燃机汽车相比，电动汽车非常高效。由于没有尾气排放，也就不需要催化转化器。简单的结构降低了维护成本。在过去几年，已经出现了许多新的电动汽车，在美国和世界各地都有出售（Inside EVs，2016）。2015 年全球制造并交付了超过 500 000 辆电动汽车（Inside EVs，2016）。

特斯拉 S 就是纯电动汽车的典型例子，不同型号可采用双电动机或单电动机驱动，在充满电时的续驶里程可达 240～270 mile。为其供电的是 70～85 kWh 的电池，电池和驱动单元的质保为 8 年，并给予购买者 7 500 美元联邦税收抵免。通过其遍布全国的充电站中的超级充电网络为特斯拉车主免费充电。这种汽车在 5 年内为车主节省了大约 10 000 美元的油费（Tesla Motors，2015）。

增程式电动汽车（EREV）尽管由电动机驱动，但也装有驱动发电机的汽油发动机，发动机负责向车辆上的电池充电。雪佛兰 Volt 是增程式电动汽车的一个例子。2015 款 Volt 在充满电后不使用汽油的纯电续驶里程约为 38 mile。在电池充满和油箱加满的情况下，2015 款 Volt 的行驶里程约为 380 mile。2016 款 Volt 的电池采用了 50 mile 的纯电续驶里程（Chevrolet，2015a）。

第三种类型的电动汽车是插电式混合动力电动汽车（PHEV），如丰田 Plug-in Prius。只要电池中具有足够的能量，这类车辆就以纯电动方式运行，当然，也可以使用汽油和电力驱动。当电池电量低时，插电式混合动力电动汽车与没有充电插头的 Prius 混合动力电动汽车一样。它采用电驱动系统和内燃机驱动，遇到红绿灯时，汽油发动机关机。Plug-in Prius 买主会得到大约 2 500 美元的税收抵免（U. S. Department of Energy，2015b）。

通常，对司机而言，驾驶电动汽车非常有好处。其具有的设计简单、维护成本低、效率高、家庭充电方便和环保等优点，使其成为具有竞争力的选择。电动汽车的缺点有续驶里程较短、购买价格较高、车辆较重、电池的质量大，以及在离家时对车辆充电不方便和充电的费用较高等。在研究人员努力寻找解决这些不足的对策时，增加电动汽车销量，推动美国向环保方向发展的计划在持续推进。

本章内容包括发明第一辆电动汽车的细节，电动汽车研发的现状以及每种类型的电动汽车设计。本章还将提供有关特定电动汽车车型的信息、电动汽车的高效特性，以及其在美国和全世界的销售状况。本章将为读者介绍电动汽车买家和财政激励措施，包括政府政策激励措施，并将分析电动汽车与内燃机汽车的生命周期。

## 2.2 电动汽车的历史

电动汽车自 19 世纪以来一直存在，但直到近年，电动汽车依然不能成为日常出行的现实选择。欧洲人是首先尝试做电动汽车的，美国人紧随其后。1890 年，来自爱荷华州德梅因的化学家威廉·莫里森（William Morrison）在美国制造出了第一台电动车（Matulka，2014）。到 1900 年，电动汽车非常受欢迎（Matulka，2014）。在这个时候，蒸汽和汽油动力的车辆在续驶里程方面有限，需要花费时间采用人工起动（Matulka，2014）。电动汽车更安静，更容易驾驶，这使其成为城市内短途出行的理想选择（Matulka，2014）。然而，内燃机的发展和汽油的方便获得消除了电动汽车的优势。随着这些技术的持续进步，电动汽车不再是一个有竞争力的选择了（Matulka，2014）。

直到 20 世纪 90 年代初，在复兴电动汽车的概念方面没有取得实质的进展或吸引力。1996 年，通用汽车发布了 EV1——一辆完全电动的小型汽车，如图 2.1 所示。虽然它几乎没有充电基础设施，并且最大续驶里程只有 100 mile，但它却受到了公众的热烈欢迎，在加利福尼亚州更是如此。虽然公众非常支持，但通用汽车公司承担了很大的负面压力，并且担心 EV1 会对汽车行业产生负面影响。尽管业主抗议，通用依然决定将 EV1 撤出了市场。他们召回并报废了所有的 EV1，数量超过了 1 000 台（General Motors EV1，2015a）。然而，通用汽车在 2015 年宣布，已经重新扶持电动汽车，将生产一种新的纯电动汽车，预计续驶里程超过 200 mile（Chevrolet，2015b）。

2 电动汽车

图 2.1 1996 年通用汽车公司的 EV1
（照片取自亨利·福特博客，http://blog.thehenryford.org/）

导致最近电动汽车和插电式混合电动汽车产量增加的因素很多，包括政府支持、环境关切、新技术应用和使用内燃机的成本增加。公司平均燃料经济性（CAFE）法规鼓励制造商销售电动汽车和插电式混合电动汽车。联邦和州一级的政府补贴使得电动汽车更具吸引力，给予了买主可观的减税优惠。

最近几年表明，需要一个可持续的交通选项。使用内燃机的美国不仅依赖外国石油，而且它们还排放对环境有害的废气污染物和蒸发排放物（Environmental Protection Agency，2012）。尽管在努力减少这些排放物，如 1970 年颁布了《清洁空气法案》，但是此类问题却持续加重，因为自从这个法案通过以来，人们驾车行驶的英里数已经增加了一倍以上（Environmental Protection Agency，2012）。因此，政府已经批准了强化研究计划，使电动汽车成为更有效率、更经济可行的选项。

## 2.3 电动汽车的特点

电动汽车由至少一个电动机驱动，该电动机由可充电电池包（U.S. Department of Energy，2015a）提供动力。电动汽车不排放温室气体，并且电池通常可在几个小时内再充电（Berman，2014）。因为电动汽车不使用内燃机，也就不像内燃机那样需要维护（Berman，2014），因此电动汽车的运行更安静。

电动汽车比汽油机汽车效率更高。事实上，电动汽车把 59%～62%的电能转化为车轮的动力，而汽油机汽车转化效率为 17%～21%（U.S. Department of

Energy，2015a）。因为电能可以在国内生产，电动汽车还具有减少能源依赖的潜力（U.S. Department of Energy，2015a）。

许多电动汽车还具备了再生制动能力，可以把制动的动能存储在汽车电池或超级电容器中。这部分能量可以用于延长电动汽车的续驶里程（Lampton，2009）。具有再生制动能力的电动汽车车型有日产 Leaf、丰田普锐斯、雪佛兰 Volt 和特斯拉 Roadster。

## 2.4 电动汽车的充电

涉及电动汽车充电时，有几个选项可用。首先，有两种常用的充电形式，即 1 级充电和 2 级充电。1 级充电采用 120 V 电源，这是在美国各地大多数家庭所使用插座的能量级别。根据美国能源部的消息，"1 级充电，每小时充电增加约 6 mile 的行驶里程，对于那些较短的通勤或那些可以长时间对车辆充电的人，这是一个合适的选择"（Lutterman，2013）。2 级充电采用 240 V 插座，如果电动汽车车主想在家里进行 2 级充电，要求他们购买和安装必要的设备。2 级充电比 1 级充电快得多，充电 1 h 增加 10～20 mile 的电动汽车行驶里程（Lutterman，2013）。

电动汽车其他充电方式都不在家里进行。截至 2015 年 7 月 9 日，美国有 9 974 个充电站和 25 934 个充电桩。加利福尼亚州是充电站（2 214 个）和充电桩（7 375 个）最多的州（U.S. Department of Energy，2015c）。特斯拉建设了一个超级充电站网络，可在全国各地为特斯拉电动汽车提供充电服务。这些超级充电站的充电速度比 2 级充电还快，但是只对特斯拉汽车开放。

截至 2015 年，Volta 工业公司已与公司合作，为所有电动汽车提供充电服务，通过充电站里的广告获得收入（Volta Charging，2015；Wang，2015）。这些是电动汽车车主可用的公共充电的几个例子。随着电动汽车用量不断增加，充电基础设施在全球范围内也会不断增加。

## 2.5 目前市场上销售的电动汽车

目前全球有许多电动汽车出售。通常，由于电池包既大又重，这些车辆都很小且座位较少，电动汽车的纯电动续驶里程不大。研究人员继续寻找设计电动汽车的方法，以便使电动汽车具有与内燃机汽车竞争的能力。2015 年 7 月市场上流行的电动汽车见表 2.1。

表 2.1 2015 年 7 月报道的价格、纯电动的续驶里程、一些插电式汽车的电池大小

| 车辆名称 | 价格/美元 | 电池型号/kWh | 全电动里程/mile | 汽车种类 |
| --- | --- | --- | --- | --- |
| 雪佛兰 Volt | 34 170 | 17.1 | 38 | EREV |
| 福特 C-Max 能源 | 31 770 | 7.6 | 21 | PHEV |
| 福特福克斯 | 29 170 | 23 | 76 | EV |
| 福特 Fusion 能源 | 35 525 | 7.6 | 20 | PHEV |
| 本田雅阁 PHEV | 39 780 | 6.7 | 13 | PHEV |
| 梅赛德斯-奔驰 B 级电动汽车 | 41 450 | 28 | 84 | EV |
| 日产 Leaf | 29 010 | 24 | 84 | EV |
| 特斯拉 S | 75 000~105 000 | 70~85 | 240~270 | EV |
| 丰田 Prius 插电式 | 31 184 | 4.4 | 11 | PHEV |

注：信息来源自各公司的官网。

截至 2015 年 5 月，美国最畅销的电动汽车是日产 Leaf，其次是特斯拉 S，然后是雪佛兰 Volt（Shahan，2015a）。在 2015 年，美国的电动汽车销量在 5 月份达到 43 973 辆（Cole，2015），这一年销量超过 116 000 辆（Inside EVs，2016）。

目前，正在开发各种乘用电动汽车，包括电动皮卡车和小型货车。多乘客的电动汽车的一个例子是 2016 年沃尔沃 XC90 T8，这是一种豪华插电式混

合动力的 SUV，预计续驶里程至少可以达到 96 mile（Voelcker，2015）。正在开发的其他形式的电动汽车有电动自行车和踏板车。尽管已经有多种车型在研发，但仍然需要更多的电动汽车可供选择，以满足客户的需求。例如，目前在美国市场上很少有价格合适、大小合适的家用电动汽车。奥迪公司计划在 2018 年开始销售家用 SUV（Collie，2015）。三菱公司正在日本和欧洲销售家庭版三菱欧蓝德 PHEV，并计划在 2016 年在美国市场销售这款车（Mitsubishi，2015；Shahan，2015b ）。目前欧洲正在大量销售这款车（Shahan，2015b）。

雪佛兰推出了 2017 款雪佛兰 Bolt，这是一款续驶里程超过 200 mile 的电动汽车，扣除政府税收抵免后，预计价格不到 30 000 美元（Bell，2016）。特斯拉汽车公司也计划制造续驶里程超过 200 mile 的电动汽车，价格与 Bolt 处于同一价格水平。2015 年特斯拉汽车销售了 50 000 多辆电动汽车，并希望在 2020 年销售约 50 万辆电动汽车（Zhang，2015；Waters，2016）。

未来应该加强营销工作，以增加电动汽车的销量。客户应该了解纯电动汽车的环境效益和整体效率。当电动汽车的零售价格较高时，汽车买主应该考虑与电动汽车相比，内燃机汽车的长期成本，包括维护成本和燃料成本（Telleen 和 Trigg，2013）。作为电动汽车具有可与内燃机汽车竞争的实用性和竞争力的重要部分，电动汽车的充电基础设施正在持续开发，其中就有在美国各地设计和建造的新型充电站。这些新充电站将使电动汽车更适合广泛的客户群。

目前全球已有超过一百万辆电动汽车投入使用（Shahan，2015c），2015 年的电动汽车销量比 2014 年增长了 39%以上（Inside EVs，2016）。

## 2.6　环境效益和经济效益

目前有很多鼓励客户购买电动汽车的措施。在很大的范围内，政策、环境、经济和社会问题推动了电动汽车在世界范围内的研究和开发。这些包括政府能源标准、税收激励、环境效益和政治倡议。从生态的角度来看，这些问题包括具有社会价值的激励措施、对环境未来的重点关注，以及减少温室气体排放。

在美国，政府用许多方法推动降低排放。1975 年由国会创建的 CAFE 标准，不断设定新的单位燃油量的行驶里程和燃油标准，以"通过提高汽车和轻型卡车的燃油经济性降低能源消耗"（National Highway Traffic Safety Administration，2015）。根据国家公路交通安全管理局的消息，"预计拟议的标准将使二氧化碳排放量减少约 10 亿吨，燃料成本降低约 1 700 亿美元，并在该计划下销售的汽车寿命内减少石油消耗多达 18 亿桶。这些减排量几乎等于所有美国住宅一年内与能源使用相关的温室气体排放量"（National Highway Traffic Safety Administration，2015）。

美国联邦政府目前（2015 年 7 月）向购买电动汽车的人提供税收抵免的政策优惠。例如，目前提供 7 500 美元的联邦税收抵免，用于购买 22 种不同的电动汽车，包括日产的 Leaf 和特斯拉的 Model S（U.S. Department of Energy，2015b）。联邦税收抵免也适用于 16 种不同的 PHEV 车型，从丰田普锐斯（Toyota Prius）插电式混合动力电动汽车的 2 500 美元抵免到雪佛兰 Volt（U.S. Department of Energy，2015b）的 7 500 美元不等。

通过生命周期分析（LCA），内燃机汽车、纯电动汽车和插电式混合动力电动汽车的总能量输入和输出得到量化。根据加利福尼亚大学洛杉矶分校完成的 LCA 可知，内燃机汽车生命周期内的能量需求远高于电动汽车和插电式混合动力汽车。具体来说，在生命周期内，内燃机汽车需要 858 145 MJ 的能量，纯电动汽车需要 506 988 MJ，插电式混合动力电动汽车需要 564 251 MJ。该 LCA 还比较了每种车辆生命周期内的 $CO_2$ 排放。数据表明，内燃机汽车排放量为 0.35 kg $CO_2$ 当量/mile、EV 排放量为 0.18 kg $CO_2$ 当量/mile、插电式混合动力电动汽车排放量为 0.23 kg $CO_2$ 当量/mile。重要的是，要记住内燃机汽车使用期间的排放占全部排放的 96%，插电式混合动力电动汽车使用期间的排放占全部排放的 91%，而纯电动汽车使用期间的排放占全部排放的 69%。电池制造占纯电动汽车的生命周期排放的 24%，但只占混合动力电动汽车生命周期内排放的 3%（Aguirre 等，2012）。对于插电式混合动力电动汽车，二氧化碳的排放量取决于产生电力的方式。

联邦政府已采取具体步骤促进电动汽车的使用，以减轻对环境的危害。2012 年，奥巴马总统通过美国能源部发布了一项倡议，名为《电动汽车无处不在的大挑战》。该倡议关注美国电动汽车技术的发展，以 2012 年燃油汽车

## 充电模式的变革：太阳能充电站

为基准，到 2022 年美国一般家庭能够买得起电动汽车。其蓝图特别描绘了汽车减重近 30%，电驱动系统成本从 30 美元/kW 降低到 8 美元/kW，电池成本从 500 美元/kWh 降低到 125 美元/kWh（U.S. Department of Energy，2013）。电动汽车无处不在的倡议的实际效果取决于技术开发，以及联邦和州政府的支持及政策（U.S. Department of Energy，2013）。截至 2014 年 1 月，电池成本已经降到 325 美元/kWh，5 美元/kW 的电驱动系统已开发出来了（U.S. Department of Energy，2014）。通过不断研究和拓展，电动汽车无处不在的倡议的效果继续迅速地向着目标接近并超过了预期（U.S. Department of Energy，2014）。

在国际层面上，来自世界各国的几个政府一起合作，形成了电动汽车倡议（EVI）（Telleen 和 Trigg，2013）。该倡议在 2010 年在清洁能源部长级会议上提出。该会议是国家之间的对话。EVI 鼓励在 2020 年之前实现全球电动汽车的应用目标，并具体概述必要的行动，如政府行动、基础设施、技术和营销（Telleen 和 Trigg，2013）。

除了政策和环境激励之外，世界各国领导人最近也注意到可持续能源的重要性。这就需要教育公众，并为司机选择购买电动汽车提供更多的激励措施。特别要说明的是，教皇方济各通过他关于气候变化的通谕信，将生态问题公之于众，具体如下。

呼吁人类认识到改变生活方式、生产和消费的必要性，以便减轻这种地球变暖现象或至少是减少人类造成或加剧这种变暖现象的人为因素。的确还有其他因素（如火山活动、地球轨道和轴线的变化，太阳周期的变化），但一些科学研究表明，近几十年全球变暖的大多数原因是高浓度的温室气体（二氧化碳、甲烷、氮氧化物等），这是人类活动所释放的。这些气体集中在大气中，太阳光线的热量因被地球反射而不能分散在空间中。以密集使用矿物燃料为基础的发展模式加剧了这一问题，而化石燃料的使用是世界能源系统的核心（Francis，2015）。

教皇方济各把气候变化作为一个道德问题。他特别指出，世界各国人民迫切需要解决空气污染和不可再生资源的消费问题。这些都是由电动汽车研究直接解决的问题（Francis，2015）。这封教皇通谕信触及了政治层面。加州州长 Jerry Brown 是防治污染的倡导者，他承认教皇对环境问题的回应。Brown

表示,"现在由商界和政府的领导人以及其他任何地方领导者正共同努力,扭转我们加速陷入气候恶化和普遍痛苦的局面"(Jennewein,2015)。

## 2.7 电动汽车的缺点与面临的挑战

使电动汽车成为所有驾驶员的竞争性选项面临许多挑战。在冬季,加热车厢和挡风玻璃时除霜会消耗能量,电动汽车效率较低。对于内燃机汽车,发动机排气的余热就可以实现这些意图。由于温度影响电池性能,当寒冷环境下温度低的时候,电动汽车的续驶里程会下降。电动汽车停车的环境温度影响电池能够存储的电量。电动汽车的缺点包括比燃油汽车更短的续驶里程和更长的充电时间。换装的电池包也是昂贵的。尽管电动汽车本身不产生尾气排放,但为电动汽车提供电能的发电厂可能产生污染物。研究人员正在寻找新方法来增加电池存储的电量,减少充电时间和成本来解决这些问题。进一步的挑战包括零售价格高、缺乏政策和政治主动性、消费者教育和营销手段等。

电动汽车被广泛使用的最大障碍之一是技术。如电动汽车倡议(EVI)中所描述的:

目前电驱动车辆所面临的最重要技术挑战是其部件,特别是电池的成本和性能。锂离子电池的每千瓦时价格为300~400美元,这成为电动汽车成本的主要部分,因为电动汽车的成本取决于电池包的大小(Nykvist和Nilsson,2015)。例如,日产LEAE的电池包是24 kWh,成本约7 200美元,占车辆零售价格的1/4。同样,福特公司电动版Focus Electric的电池包价格为7 200~9 000美元,而燃油版的Focus本身售价约22 000美元。(Telleen和Trigg,2013)

由于续驶里程有限、零售成本高和充电基础设施分布不均匀,使电动汽车不如内燃机汽车那样便宜和实用。然而,电池成本已经在下降,电动汽车的未来充满希望。电动汽车设计简单、温室气体排放少、能源效率高及整体可持续等优点吸引着全球的消费者。随着石油变得更昂贵和稀缺,应该考虑类似于交通电气化这类可持续发展的选项。研究人员继续努力寻找解决方案，使电池成本更低，效率更高；城市规划者设计出实用的充电基础设施；政府通过政策激励和财政激励继续推动电动汽车的应用。通过这些多方面的努力，电动汽车可以成为一个有竞争力的交通工具。

## 参考文献

Aguirre, K., L. Eisenhardt, C. Lim et al. 2012. Lifecycle analysis comparison of a battery electric vehicle and a conventional gasoline vehicle. California Air Resource Board. http://www. environment. ucla. edu/media/files/Battery Electric VehicleLCA2012－rh-ptd. pdf (Accessed July 8, 2015).

Bell, K. 2016. 2017 Chevrolet Bolt EV: Production electric car unveiled at consumer electronics show, Green Car Reports; http://www. greencarreports. com/.

Berman, B. 2014. What is an electric car? Electric vehicles, plugin hybrids, EVs, PHEVs. http://www. plugincars. com/electric-cars(Accessed June 8, 2015).

Chevrolet. 2015a. http://www. chevrolet. com/volt-electric-car html (Accessed July 25, 2015).

Chevrolet. 2015b. Chevrolet commits to Bolt EV production; http://www. chevrolet.com/.

Cole, J. 2015. May 2015 plug-in electric vehicle sales report card. http://insideevs. com/may－2015－plug-electric-vehicle-sales-report-card/(Accessed July 25, 2015).

Collie, S. 2015. Audi electric SUV concept quick off the mark, over 300 mile range. Gizmag, September 15, 2015; http://www. gizmag. com.

Environmental Protection Agency. 2012. Automobile emissions: An overview. http://www. epa gov/otaq/consumer/05－autos. pdf(Accessed June 3, 2015).

Francis I. 2015. Encyclical Letter Laudato. http://w2.vatican.va/content/francesco/en/encyclicals/documents/papa-francesco_20150524_enciclica-laudato-si. html (Accessed July 8, 2015).

General Motors EV1. 2015a. General Motors EV1, Wikipedia; https://en. wikipedia.org/.

General Motors EV1. 2015b. The Henry Ford Blog. http://blog thehenryford. org/ (Accessed January 14, 2016).

Inside EVs. 2016. Monthly plug-in sales scorecard, January 2016; http://insideevs. com/.

Jennewein, C. 2015. Brown hails Pope's controversial encyclical on climate change. http://timesofsandiego. com/tech/2015/06/20/brown-hails-popes-controversialen cyclical-on-climate-change/(Accessed July 8, 2015).

Lampton, C. 2009, How regenerative braking works. http://auto.howstuffworks. com/auto-parts/brakes/brake-types/regenerative-braking. htm (Accessed August 6, 2015).

Lutterman, J. 2013. Charging your plug-in electric vehicle at home. http://energy. gov/energysaver/articles/charging-your-plug-electric-vehicle-home(Accessed july 8, 2015).

Matulka, R. 2014. U. S. Department of Energy. The history of the electric car. http://energy gov/articles/history-electric-car (Accessed June3, 2015).

Mitsubishi. 2015. Mitsubishi Outlander PHEV; http://www.mitsubishicars.com/.

National Highway Traffic Safety Administration, 2015. CAFE—Fuel economy. http://www. nhtsa. fuel-economy (Accessed June 25, 2015).

Nykvist, B, and M. Nilsson. 2015. Rapidly falling costs of battery packs for electric.

Shahan, Z. 2015a. US electric car sales-Top 3 on top again, http://evobsession. com/us-electric-car-sales-top−3−on-top-again/(AccessedJuly8, 2015).

Shahan, Z. 2015b. The most popular electric cars in Europe may surprise you, Gas2 July 16, 2015; http://gas2.org/.

Shahan, Z. 2015c. One million electric cars will be on the road in September, Clean Technica August 8, 2015; http://cleantechnica.com.

Telleen, P, and T. Trigg. 2013. Global EV outlook: Understanding the electric vehicle landscape to 2020. https://www.iea.org/publications/globalevoutlook 2013. pdf (Accessed July 16, 2015).

Tesla Motors. 2015. http://wwwteslamotors.com/models (Accessed July 25,

2015).

U. S. Department of Energy. 2013. EV Everywhere blueprint. http://energy.gov/sites/prod/fles/2014/02/f8/eveverywhere_blueprint pdf (Accessed June 25, 2015).

U. S. Department of Energy. 2014. EV Everywhere: Road to success. http://energy.gov/sites/prod/files/2014/02/f8/eveverywhere_road_to_success.pdf (Accessed June 25, 2015).

U. S. Department of Energy. 2015a. All-electric vehicles.https://www.fueleconomy.gov/feg/evtech. shtml(Accessed June 8, 2015).

U. S. Department of Energy. 2015b. Federal tax credit for electric vehicles purchased in or after 2010. https://www.fueleconomy.gov/feg/taxevb.shtml (Accessed June 25, 2015).

U. S. Department of Energy. 2015c. http://www.afdc.energy.gov/fuels/stations counts.html(Accessed July 16, 2015).

Voelcker, J. 2015. 2016 Volvo XC90 T8 plug-in hybrid 'twin-engine': First drive http://www.greencarreports.com/news/1096866_2016–volvo-xc90–t8–plug-in-hybrid-twin-engine-first-drive (Accessed August 11, 2015).

Volta Charging. 2015. http://voltacharging.com/home(Accessed July 8, 2015).

Wang, U. 2015. An EV charging startup raises $7.5M to give away electricity for free. http://www.forbes.com/sites/uciliawang/2015/06/10/5754/(Accessed July 8. 2015).

Waters, R. 2016. Tesla sales pace falls short at end of 2015, Financial Times, January 3, 2016; http://www.ft.com.

Zhang, B. 2015. Elan Musk believes the Model X will double Tesla's sales, Business Insider, July 8, 2015; http://www.businessinsider.com.

# 3

# 太阳能充电站

Larry E. Erickson, Jackson Cutsor, Jessica Robinson

当事情足够重要时，即使时机不对，也得做。

Elon Musk

# 3 太阳能充电站

太阳能充电站（SPCS）是与交通电气化有关的重要发展方向之一。因为太阳能充电站的价值和便捷，具有太阳能充电站的充电站数量正在增加。在许多情况下，把太阳能充电站设计成允许产生的电能接入局部电网。太阳能电池板在停车场中具有遮阳作用，充电站与电网相连，使充电中的电动汽车可以一直获得电力。在有些充电站还有用于储能的电池。有些站点采用电池储能，但不与电网相连。在为电动汽车供电而电动汽车车主不支付其他任何费用的情况下，与客户需要为电动汽车供电设备（EVSE）付费相比，使用充电设备更简单。

许多太阳能充电站采用混凝土地基、钢框架和支撑件，以及必需的电气部件，包括变压器、电线和逆变器。在许多情况下，付费充电站具有支付软件、硬件和通信的功能。在有些地方，在停车场有太阳能电池板，但没有电动汽车的充电站。这些结构已经安装到位并发电，也有遮阳作用。有些太阳能电池板是在有电动汽车供电设备需求之前就建好了。在这些情况下，做出决策时，并没有考虑电动汽车供电设备的需要。在许多地方，太阳能充电站使用可持续能源，以有竞争力的价格增加发电量。用太阳能充电站来增加电网中的可持续能源对社会有价值，因为太阳能是一种非常清洁的能源。当需要时，这些站点可以很容易地配备电动汽车供电设备。

Envision Solar International Inc.（2015）开发了一个带电池储能的太阳能充电站，其设计为自给式的且不与电网连接。这款电动汽车自主可再生充电器可以拖到现场，并可以立即使用。充电器也可以轻松地移动到一个新的充电站。该充电器的电池可存储 22 kWh 的电能，可以存储大约一天的能量。2.3 kW 太阳能电池阵列每天发电约 16 kWh，并且采用了太阳能跟踪器，以确保太阳能电池阵列处于太阳照射之下。该系统可以安装在没有电网的地方，如公园、小径和沿途游客可能想要停车的地方。该系统如图 3.1 所示。

停车位上方的太阳能电池板发电量取决于电池板的位置、电池板面积和效率。例如，在堪萨斯（Kansas）州，一个停车位的预计发电量为每天 16 kWh。如果太阳能电池板覆盖 2 亿个停车位，则每天可以发电 32 亿千瓦时，这相当于平均每天在整个美国发电 112 亿千瓦时（Erickson 等，2015）。在美国有超过 2 亿辆汽车在用，因为在一定的时间内总是有许多空的停车位，可见停车位比车辆更多。体育场、教堂的停车场、购物中心和许多工作场所里的停车场在每周的许多时间

## 充电模式的变革：太阳能充电站

都有空位。可供太阳能充电站使用的土地、温室气体排放的潜在减少，以及与替代方案相比，用水量的减少，都是有利于太阳能充电站发展的指标。

图 3.1 Envision Solar International Inc.提供的带电池储能的太阳能充电系统
（照片由 Envision Solar International Inc.提供）

本章依据 Goldin 等（2014）和 Robinson 等（2014）早期的论文介绍了太阳能充电站。太阳能充电站是可持续发展和三重底线原则应用的理想案例，即太阳能充电站与社会、环境和经济效益这三重底线的关系。

## 3.1 太阳能充电站的社会效益

太阳能充电站的社会效益包括遮阳、改善空气质量和使用方便。在炎热的夏天，乘坐在阴凉处的汽车里，人们有舒适的感觉。Goldin 等（2014）指出，在炎热的天气里，在阴凉处的汽车的温度可能会低于 50 ℉[①]。由于电动汽车和太阳能充电站的发展，更好的空气质量的社会价值带来的好处会影响到每一个人。从经济角度看，太阳能充电站提供了建筑和维护工作，并降低了车辆的行驶成本。

温室气体排放的降低具有全球效益，而向电动汽车和太阳能充电站转型所带来的城市空气质量改善会惠及城市地区的每一个人。生活质量问题对很多人都很重要。例如，有些人为了获得更好的空气质量而搬到城市边缘。

便利对许多人而言具有重要的社会价值。如果电动汽车车主能够在上班时到达他们的停车位时，当下班后在商场停车时，当他们在家时，都能够进行充电，这对他们来说将是有价值的，特别是如果他们需要在家里以外的地方对电池充电的话。在许多地方建设太阳能充电站将为许多电动汽车车主提供便利。这种便利有助于留住员工，吸引顾客到商店、健身俱乐部或餐馆消费，并鼓励购买电动汽车。

## 3.2　太阳能充电站的环境效益

太阳能充电站的环境效益包括减少温室气体排放、改善城市环境中的空气质量和减少噪声。因为减少了温室气体排放，向太阳能充电站转型具有全球环境效益。全球到 2050 年减少 80% 排放的目标将需要进行重大变革才能达到，包括交通电气化和使用太阳能电池板等可持续方法发电。太阳能充电站发电没有产生与之相关的排放。空气质量受到了燃煤发电厂排放物的影响。燃烧气体是可以控制的，但是也有相关的费用，并且从排气中除去的污染物在某些情况下会成为废水中的污染物。与使用冷却水并流失到大气中的煤、核能和天然气发电相比，太阳能不需要大量的水。石油、煤和天然气对环境有很大影响，生产水平有溢出和污染的风险，用水量大，运输管道可能破裂，运煤的列车可能脱轨。

影响大城市的一个现象是城市热岛效应。这是由于缺乏植被及大量的吸

---

[①]　1 ℉=5/9 ℃。

热材料，如混凝土及可以改变风向的高层建筑物。所有这些问题使城市的平均温度比周围农村地区高 1 ℃或更多。建筑物和太阳能充电站上的太阳能电池板吸收太阳能并将其转换成电能，就像植物利用光能并将其转化为化学能一样。由于电动汽车比内燃机汽车效率高得多，因此运输行驶时每英里产生的热量就减少了。每行驶一英里，内燃机汽车消耗的能量是纯电动汽车的 3～4 倍。这两个因素可减弱热岛效应。

STAR 社区评级系统（STAR，2015）中，太阳能充电站和电动汽车帮助社区实现 44 项目标中的 12 项，包括绿色基础设施、环境噪声、绿色市场开发、温室气体减排、资源节约型公共基础设施和绿色能源供应等。STAR 指的是用于评估社区可持续性发展的工具，STAR 系统对社区希望跟踪自身实现若干可持续性目标方面的进展情况而言是有帮助的。

## 3.3 经济效益

从经济上讲，太阳能充电站在地方和国家层面都是有益的。它们为那些生产用于建造太阳能充电站的材料和部件的人创造临时建筑工作与就业机会，也为管理和维护太阳能充电站的人提供就业机会。

企业，特别是拥有庞大车队的企业，有可能通过投资太阳能充电站和电动汽车来节省资金。运输车辆可以用电力大幅降低运行成本，并且在最初的投资得到回报之后，太阳能充电站有可能不再使用燃油。包括维修费用在内，电动汽车的运行成本为常规车辆的 33%～50%。美国邮政服务通过使用电动汽车和太阳能充电站来节省运营成本。由于电动汽车在停车时不消耗多少功率，所以对于邮件传递是特别有益的。企业投资还有其他理由，如绿色光环效应和员工留用。在工作期间可以免费充电对公司而言是个成本较低的福利。尊重生态的企业，可能更能吸引和留住客户，特别是那些在生意期间喜欢免费充电的客户。

电动汽车的运行和维护成本低于内燃机汽车。Goldin 等（2014）的报告称，与其他几款汽车相比，日产 Leaf 电动汽车的运输成本最低。如果太阳能充电站允许个人使用 Leaf 来运输，因为运输成本降低，这就很有经济价值了。

当它由太阳能供电时，Leaf 是一种非常清洁的交通方式，这具有很大的经济价值，因为改善的空气质量降低了受交通排放影响的城市地区的健康成本。经济效益包括当一辆车定期被太阳遮阳时，作为一辆二手车所具有的更大价值。电动汽车的电池寿命可能会受到高温的影响，而遮阳停车场在炎热的夏天可能是有益的。未来太阳能电池板成本和电池成本预计将低于现在。简单、廉价的电动汽车将在世界的很多地方具有很大的使用价值，特别是当它们可以在许多地方由太阳能充电站充电的时候。例如，约旦是正在推进电动汽车和太阳能充电站的国家之一（Ajumni，2015）。

## 3.4 电动汽车的供电设备

用于为电动汽车充电的设备包括 1 级、2 级和高速率的电动汽车供电设备（USDOE，2013）。1 级电动汽车供电设备适用于 120 V 交流电。大多数电动汽车备有 1 级充电线，当电池充满电时，可以自动停止充电。在一端有一个标准的 120 V 三芯家用插头，另一端有一个可插入车辆的标准连接插头。通常 1 级充电每小时可增加约 5 mile 的续驶里程或大约每小时为电池充电 2 kWh。这个充电速率大约等于在一个停车位上方的太阳能电池板的供电速率。

2 级电动汽车供电设备使用 240 V 电源，通常具有专用的 40 A 电路，每小时可以提供大约 18 mile 的续驶里程或每小时为电池充电 6 kWh。在多数情况下，为了安全，与电源连接的导线是硬线，它用与 1 级充电相同的 J1772 标准连接插头连接到车辆上。充电率与车载充电器有关。通常使用 30 A 充电率。

3 级电动汽车供电设备通常被标识为直流快速充电，它没有像 1 级和 2 级那样标准化。有些电动汽车，如配备接受直流快速充电的日产 Leaf，具有 CHAdeMO 连接插头（Herron，2015）。大众和宝马之类的欧洲公司使用的是 SAE 组合充电系统（SAB CCS）。特斯拉有一个超级充电的连接插头，这是专门针对特斯拉汽车的，但利用适配器就允许特斯拉使用 CHAdeMO 连接插头（Tesla，2015）。Herron（2015）指出，CHAdeMo 系统是日本开发的，而 SAE CCS 是为满足 SAE 标准开发的。这三个系统在美国的许多地方都可用。3 级充电需要标准化（Herron，2015）。大多数直流快速充电机设计用于在 20～

30 min 的快速直流充电，最终充电至满电的 3/4。利用快速充电可在 20 min 内增加 50～70 mile 的续驶里程。

在许多地方，电动汽车供电设备系统不需要接受信用卡支付方式。因为在电动汽车供电设备需要处理信用卡付费的地方，许多系统也能用信用卡支付。当使用信用卡时，通常得支付一些交易费用，当收费成本不高时，这些费用可能占总账单的很大一部分。

## 3.5 太阳能充电站的选址

太阳能充电站的选址需要考虑 3 个重要的因素：家、旅行路线，以及司机停留 1 h 或更长时间的地方。许多电动汽车车主在家里有一个充电站，这可能涉及在屋顶或车棚上的太阳能电池板。最近，沿着一些州际高速公路安装了快速充电的电动汽车供电设备。特斯拉汽车在美国和欧洲都有这样的网络。特斯拉高速电动汽车供电设备系统包括太阳能电池板和储能的电池。考虑到电网快速充电相关的费用，可以利用电池中存储的能量完成快速充电。对于特斯拉车主来说，使用这些充电站是免费的。太阳能充电站的第三个位置是个人停留 1h 或更长时间的地方，其中最常见的是工作场所。工作场所采用太阳能充电站越来越普遍。其他可以安装太阳能充电站的地点包括购物中心、酒店、健身房、餐饮场所、体育场、公园、教堂和动物园。服务站也可以安装太阳能充电站。

在许多地方安装太阳能充电站将有助于解决影响电动汽车销售的里程焦虑问题。如果电动汽车车主在他们可到达的地方有大量太阳能充电站可以使用，这将使人们在更多的旅行中使用电动汽车。如果在美国有 2 亿个太阳能充电站，适当地搭配 1 级、2 级和 3 级太阳能充电站，则里程焦虑问题就会得到改善。许多连接到电网的太阳能充电站是非常有益的，虽然它们很少用于电动汽车充电，但是它们一直在为电网生产清洁的电力。

随着电动汽车使用量的增多和对太阳能充电站的需求量的增加，预期的一个流行趋势是采用太阳能电池板的顶盖，使整个停车场都变成太阳能充电站。当有许多太阳能充电站时，每个太阳能充电站的建设和接入电网的成本会较低。所有在停车场停车的人都会喜欢这座有阴凉的停车场。安装 110 V 插座可以提供免费的 1 级充电。重要的是，所发的电能够使用、存储或出售。当有大量太阳能电池板时，可能有机会收集和使用雨水，以避免雨水泛滥。

对于住宅、车库和公寓楼，太阳能电池板可以安装到屋顶，充电站设备可以在车库中或者在建筑物旁边的停车位附近；也可以有储能装置，因为当电网供电故障时，可以用储能装置提供电力；这也可以作为夜间电源，因为此时太阳能电池板不能发电。家庭可能是太阳能充电站最受欢迎的地方。拥有电动汽车使太阳能电池板对房主更具吸引力，而拥有太阳能电池板使得电动汽车更有吸引力。采用分时电价，甚至最好的办法可能是把太阳能电池板在白天产生的过剩的电力接入电网，然后在晚上用更便宜的电网电力为电动汽车充电。

## 3.6　能　量　存　储

随着电池成本的降低，有太阳能充电站和电动汽车供电设备的停车场将能更多地存储能量。白天有太阳能，晚上没有。在电池中能够存储电能是有价值的，因为电能可以在以后需求较高的时候使用。太阳落山后，电力需求往往很大（因为许多人在下班后回到家中），而此时可能会使用存储的能量。存储的能量允许停车场经营者有更大的灵活性，以满足那些希望给车充电的人的需要。采用分时电价，储能的经济利益有助于支付用于储能的电池成本。

储能的机会之一是从电动汽车上取出旧电池，并将它们用于停车场的太阳能充电站的储能。电池的成本正在下降，因为新的发展被商业化，公司正在寻找提高效率的方法。2015 年，电池成本约为 300 美元/kWh（Nykvist 和 Nilsson，2015）。预计到 2022 年，电池成本将降至约 125 美元/kWh（USDOE，2014）。随着电池价格的下降，以及太阳能和风能发电所占百分比的增加，将有更多的电池用于储能。分时电价是电动汽车电池，以及停车场和其他地点的电池储能的激励措施。

## 3.7 太阳能充电站的商业模式

Robinson 等（2014）描述了太阳能充电站的几个商业模式。特斯拉的模式是提供一个必要的基础设施与免费的快速直流充电，并期望这将有助于特斯拉汽车的销售。截至 2015 年 5 月，有 400 多个特斯拉超级充电站建成（Richard, 2015）。特斯拉超级充电站如图 3.2 所示。目前许多雇主为其雇员提供免费停车服务。将这种附带福利扩展到电动汽车的免费充电是符合逻辑的，有些雇主已经这样做了。如果员工开车 40 mile 上班，以 12 美分（kW·h）的成本给电池充电花费约为 1.60 美元，相当于 3 mile/kWh。如果太阳能充电站系统的安装费为每个停车场 10 000 美元，并且每年使用 250 天，使用寿命 20 年，则每天的成本是 2.00 美元。如果发电 16 kWh，有 13.3 kWh 用于给汽车充电，其余的 2.7 kWh 输入电网。如果没有车辆充电，全部的 16 kWh 都将输入电网。

图 3.2 特斯拉超级充电站是太阳能充电站的一个例子。
太阳能电池板在架空结构上，充电站在下面

（Photographed by Tesla Press. Tesla Presskit. Tesla Motors. n. p., 2015. Web. Jan.14, 2016. https://teslamotors.app.box.com/pressfiles）

由于减少温室气体排放的重要性，在工作期间为雇员提供免费电动汽车充电的概念可以作为鼓励购买电动汽车的一种激励措施。例如，联邦政府可以在停车场增加太阳能充电站，并推出停车场免费充电措施。

在许多情况下，雇主可以利用由太阳能充电站输入公司电网的电力。随着太阳能充电站数量的增加，可能需要为输入由电力公司管理的电网做出规定。目前，当考虑分时电价时，由太阳能发电的电量高于平均值。电网供电晚上价格最低，傍晚价格最高。在正常工作日，电动汽车车主到达工作地点后可以为车充电。在大多数汽车充电的下午，如果使用分时电价，从太阳能充电站所发的电将以高于平均水平的价格输入电网。

对于工作场所充电，1级和2级充电足够满足那些在工作时停车8h或更长时间的人。对于那些通勤时间为1h的人来说，在一天的工作时间里，车辆可以用1级充电几乎完全充满电。对于有些公司的车辆，如果车辆在白天是用于商业目的，则可能需要快速充电。

在城市中可能有公共停车场，在新建停车场时，可以加装太阳能充电站。在公共停车场，太阳能充电站有几种选择：有免费停车场的地方，也可以免费使用充电站。这可以通过销售税或用于维持免费停车的同一资金来源支付。在有计费停车场的地方，所收的费用可以从计价器的收入中收回。在停车场，收费的成本可以包括在停车费中。在这里，太阳能电池板可以在车库的顶部。另一种选择是允许本地电力公司建设和运营太阳能充电站，并从充电站的使用中获得收入。这可能需要公共事业公司与确定其费率的监管机构合作，批准以特别费率销售太阳能充电站所发的电。

Volta（2015）是一家销售广告和提供电动汽车免费充电的公司。用广告收入来帮助支付太阳能充电站的想法可以在许多地方实施。EcoVantage 公司销售带有2级充电机、广告面板和LED灯的太阳能充电站，售价为17 445美元（EcoVantage，2015）。

Envision Solar（2015）销售太阳能树，其太阳能电池板的树状结构为35英尺①×35英尺，并能跟踪太阳。它可以遮蔽6~8个停车位，每天能产生足够的电力，可保障约 700 mile 的行驶里程。它可以有或没有电网接入、电池储能和广告空间。因为它能跟踪太阳，比固定系统每单位面积产生的电能更多。

---

① 1英尺=0.304 8米。

在某些工作环境中，雇员可能需要支付太阳能充电站的费用。这样做的一种方法是使用停车许可证，允许用户在太阳能充电站的阴凉处停车，并接入电动汽车充电设备。在这种情况下，来自许可证持有人和输入电网的电力的收入必须足够支付太阳能充电站的费用。

## 3.8　太阳能充电站的生命周期分析

生命周期分析（LCA）已经被用于比较新的工艺或产品的各个方面。Engholm 等（2013）完成了一个太阳能充电站的生命周期分析。生命周期分析表明，当考虑温室气体排放时，太阳能充电站是一种非常好且合适的产品。生产太阳能电池板需要电能，但是电量远小于太阳能电池板在其估计寿命期间所发的电。如果生产太阳能电池板所需的电能来自风能或太阳能，那么生命周期分析的结果就更加有积极意义了。

当有新的发展导致太阳能充电站的现代化或更新换代时，太阳能充电站的许多部分可以回收利用。在未来 30 年里，太阳能发展的方向应是提高太阳能电池板的效率，使之与太阳能充电站的升级相适应。

## 3.9　总　　结

为电动汽车提供绿色电力的一种方法是使用有太阳能充电站的停车场。安装太阳能充电站有社会、环境和经济方面的原因，目前在美国和一些其他国家有许多太阳能充电站。随着电池价格的下降，将有更多的电池存储太阳能充电站所发的电。太阳能充电站最常见的地点是住宅、工作场所、购物中心和主要公路沿线。

### 参考文献

Ajumni, D. 2015. Jordan plans to build 30 MW solar-powered electric vehicle charging network, PVBUZZ, January 10, 2015; http://www.pvbuzz.com/.

EcoVantage. 2015. EcoVantage Catalog, EcoVantage Energy, Inc.; http://www.ecovantageenergy.com/catalog/.

Engholm, A., G. Johansson, and A. A. Persson. 2013. Life Cycle Assessment of Solelia Greentech's Photovoltaic Based Charging Station for Electric Vehicles, Uppsala University, Sweden.

Envision Solar. 2015. Internet Site of Envision Solar International, Inc. http://www.envisionsolar.com/.

Erickson, L. E., A. Burkey, K. G. Morrissey et al. 2015. Social, economic, technological, and environmental impacts of the development and implementation of solar-powered charge stations, Environmental Progress and Sustainable Energy 34:1808–1813.

Goldin, E., L. E. Erickson, B. Natarajan, G. Brase, and A. Pahwa. 2014. Solar powered charge stations for electric vehicles, Environmental Progress and Sustainable Energy 33:1298–1308.

Herron, D. 2015. EV DC Fast Charging Standards-CHAdeMO, CCS, SAE Combo Tesla Super Charger, etc., The Long Tail Pipe, August 11, 2015; http://longtailpipe.com/.

Nykvist, B. and M. Nilsson. 2015. Rapidly falling costs of battery packs for electric vehicles, Nature Climate Change 5:329–332.

Richard, M. G. 2015. Tesla's free-to-use Superchargers growing like weeds worldwide. Treehugger, May 27, 2015; http://www.treehugger.com/.

Robinson, J., G. Brase, W. Griswold, C. Jackson, and L. E. Erickson. 2014. Business models for solar powered charging stations to develop infrastructure for electric vehicles, Sustainability 6:7358–7387.

STAR. 2015. STAR community rating system, Version 1.2, March 2015; http://www.starcommunities.org/rating-system/.

Tesla. 2015. CHAdeMO Adapters; http://shop.teslamotors.com/products/chademo adapter/.

Tesla Presskit. 2015. Tesla Motors, January 14, 2016; https://teslamotors.app.box.com/pressfiles.

U. S. Department of Energy (USDOE). 2013. Plug-in Electric Vehicle Handbook, U. S. Department of Energy DOE/GO – 102013 – 3925; http://cleancities.energy.gov/publications.

U. S. Department of Energy(USDOE). 2014. U. S. Department of Energy vehicle technologies office: Plug-in electric vehicles and batteries; http://energy.gov/eere/.

# 4

# 电动汽车充电基础设施

Jessica Robinson, Larry E.Erickson

> 毫无疑问，改变世界的是思考缜密、有担当的这一小部分老百姓；事实上，古往今来，正是这部分人改变了世界。
>
> Margaret Mead

# 4 电动汽车充电基础设施

## 4.1 引　　言

电动汽车可持续性发展最重要的挑战之一就是建设适合电动汽车充电的基础设施。需要建设的基础设施包括太阳能充电站、并网、储能电池、变压器和传输导线。对于许多电动汽车主而言，首要的就是在家里安装供电专用电路，以实现1级充电（Level 1）或2级充电（Level 2）为电动汽车供电设备（EVSE）供电。1级充电对局部电网的影响较小，2级充电对局部电网的影响非常大。2级充电时，电流为30 A，电压为240 V，功率可达7.2 kW，操作要小心。如果2级电动汽车供电设备启动时，家中还有其他大的负载（如中央空调、电炉、电动干衣机、电热水器）处于工作状态，则局部供电有可能过载。对于2级充电，应该检查家中的电气系统的容量，并与电力部门一起核对变压器的容量。推而广之，如果小区中的所有住宅都使用2级电动汽车供电设备，当其中几户同时启动时，将引起功率的显著增大。

特斯拉汽车公司已经开始在一些主要的公路沿线建设必要的电动汽车供电设备的基础设施，以帮助电动汽车实现长距离行驶。有关最新的充电站地图和位置信息，请参见www.teslamotors.com/supercharger。特斯拉公司建设安装的电动汽车供电设备和太阳能充电站已经向前迈出了一大步，但是还需要更多的支持。需要在人们的工作地点安装和提供更多的电动汽车供电设备和太阳能充电站。从某种意义上说，这是一个很好的开端。针对工作地点充电所带来的挑战，美国能源部鼓励安装更多的充电设施。有些公司和组织已经签署协议来迎接这一挑战。目前，除了7个州之外，所有州都有合作伙伴参与这项挑战，有605个工作地点提供了充电设施。合作伙伴和充电地点的数量在持续增加，但是仍然需要更多的支持（U.S. Department of Energy，2015）。

与到2050年实现减少80%碳排放量的目标要求相比，初步的发展还很慢。发电量的80%是在无碳排放的环境下产生的，2.5亿辆电动汽车需要2亿个太阳能充电站的基础设施，这就需要部分电动汽车上的电池和静态储能电池来储能了。如果每个太阳能充电站每天能发电16 kWh，那么2亿个太阳能充电

## 充电模式的变革：太阳能充电站

站每年能发电约 $10×10^8$ MW·h。这相当于 2.5 亿辆电动汽车（该车每行驶 3 mile 耗电 1 kWh，每年行驶 12 000 mile）行驶所需要的能量。2013 年，美国的全国发电量为 $37×10^8$ MW·h（USEIA，2015）。

有必要增大无碳排放的发电比例，也需要为电动汽车提供健全的基础设施。停车场里建造太阳能充电站，不仅有利于提高太阳能发电的比例，也有利于扩大电动汽车充电基础设施的规模。

## 4.2 电力需求的调控

目前，电力公司主要采用有需求即供电的模式。即使在夜间电力需求极低的时候，发电厂仍会一直以最低水平发电，以满足任何消费者可能的用电需求。随着消费者数量和用电需求的增加，电力公司会采用最简单的办法，就是再建设一个新发电厂来满足不断增长的需求。然而，对于广泛分布的电动汽车充电站，这种模式是不切实际的。充电站可能需要大量电力，从 1 级充电的 120 V 电压、2 kW 的低电力需求，到 2 级充电的 240 V 电压、7 kW 的中等电力需求，再到 3 级充电的 480 V 电压、约 50 kW 的高电力需求（直流快充）。如果大多数消费者同时为电动汽车充电，例如在下班之后立即充电，电网会承受巨大负荷。为了避免电网负载过大，消费者必须改变充电习惯，即从随心所欲地充电转换到电网负荷非高峰时进行充电，此时对电网的需求并不高。成本往往是改变消费者行为的有效机制，并且也可以应用于效用模型（Utility Model）。在全国范围内使用的两个效用定价策略就是需量电费和使用时间率。需量电费是指该月消费者最高电力需求至少 15 min 的每千瓦用电费率。另外，回顾一下第 1 章，分时电价会导致的电费的变化取决于一天中的时段或电网当时的需求。当电网需求高时（例如下班后的短时间内），电费会增加；而当需求低时（例如在夜间），电费就会下降。利用这些价格机制，消费者将会更加留意他们何时为汽车充电合适，并且将更乐意在非高峰时间（例如深夜和清晨）充电，这样可以省钱。消费者在使用诸如干衣机、空调、电炉和太阳能充电站之类的电器时，将全面提高他们的节约意识，也将尝试在错峰时间使用这些电器。因此，电动汽车充电需求和普通的用电需求通常会在一天里更加分散,从而防止电网过载和停电的出现(有关处理电网高需求的更多信息,请参阅第 6 章)。

## 4.3 发电、输电、配电和智能电网

　　电力究竟是如何输送到住宅和企业的呢?发电厂发的电通过输电线和变压器传输。变压器将电压升高到 150~760 kV,以减少输电过程中因电阻而损失的能量(电阻=电压/电流,原书有误,译者注)。在这样的高压下,电力经由输电线输送。然后在到达最终用户之前,将电压(利用另一个变压器)降至 120~240 V 的安全水平。电能以交流电(AC)的形式传输。然而,因为大多数电子设备需要直流电驱动,所以首先要将交流电(AC)转换成直流电(DC)。相比之下,电池存储和太阳能发电系统都产生直流电。当电力从发电厂传输到太阳能充电站或由太阳能充电站传输到发电厂时,电力必须首先转换成相应的交直流形式。例如,将从太阳能电池板系统产生的电力接入电网时,首先要用电源逆变器将直流电转换成交流电,这会造成 2%~5%的能量损失。随着住宅和商业领域中太阳能系统数量的增加,这一变换过程将会司空见惯。随着智能电网的使用,将会因为电力需要多向传输,所以直流到交流和交流到直流的转换将经常发生。除了多向电力传输之外,智能电网还应允许所有发电和输电的实体之间有更多的通信。例如,智能电网中,太阳能发电过剩部分可以输送到电网,或者用在另一个用电需求更大的地点。这防止了多余太阳能的损失,并减少发电厂必须输出的电量。如果允许为业主提供信贷或利润,出售多余的太阳能电力将会产生诱人的商业机会。智能电网将与太阳能充电站一起发挥重要作用。例如,停车场可能在一天中的某些时间点有空的太阳能充电站,尽管没有汽车充电,太阳能电池板还是在发电。如果没有智能电网或连接到太阳能充电站的电池,那么所发的电将会损失掉。然而,有了智能电网,电力可以并入电网,随处可提供清洁能源,并可能为太阳能充电站业主提供信贷(取决于电力公司的规定)。

## 4.4 太阳能充电站的成本和建设要求

太阳能充电站的成本取决于充电级别、所处位置、设施的功能、供应商和太阳能电池板成本。充电站具备大而复杂的电气系统时，其安装费用较高。1级充电的太阳能充电站通常是最便宜的，而3级充电的太阳能充电站是最贵的。安装地点也会影响安装成本，包括诸如充电站至电源的距离、建筑工作量和必要的混凝土需求量，以及当地电力系统的使用年限（例如，一栋老房子与一栋新房子的差别）之类的因素。当然，充电站具备诸如射频识别（RFID）、网络及近距离无线通信技术（NFC）等功能也会增加建设成本。射频识别仅允许具有射频识别卡或具有访问代码的那些人使用该站，也可选择性地增加计费功能，诸如使用信用卡支付。联网的充电站允许对充电站数据进行汇总，充电结束时通知用户，并且在电动汽车供电设备定位器映射出精确定位站；近距离无线通信技术是一项研发中的技术，能允许用户用他们的智能手机激活充电功能并支付充电费用。

太阳能充电站的成本也可能因充电站设备、太阳能电池板和太阳能电池板安装等的供应商不同而有所不同。使用较大的太阳能电池阵列系统将比使用较小的太阳能电池阵列系统的太阳能充电站更贵。最后，因为公共充电站需采取更严密的安全防范措施，并且通常要增加更多的功能，所以公共充电站通常比私人充电站更贵。因此，即使明确了影响太阳能充电站的安装成本的因素及数量，也难以计算平均价格。最重要的是，技术背景变化和成本不断降低。不过，一般来说，随着太阳能电池板的成本降至每瓦1美元以下时，每个停车位对应的太阳能充电站费用在10 000～30 000美元。

Agenbroad和Holland（2014）报告称，2级家用充电机的安装价格约为1 200美元，具有1级和2级充电功能的5个公共停车场，每个成本约为4 000美元，具有直流快速充电机（3级充电）的安装价格约为60 000美元。这些费用只是充电站的费用，不包括太阳能电池板和支撑结构的成本。

在充电站里需要好几种安装部件，包括天花板安装部件、墙壁安装部件和地板安装部件。天花板安装部件和墙壁安装部件主要用于安装在居民小区的充电站，而地板安装部件大多用于户外充电站。天花板安装部件虽然可以降低跳闸风险，但会减少顶部空间，并可能成为汽车进出的障碍。墙壁安装部件可以考虑廉价的电气安装，不占用任何面积。地板安装部件通常占用空间最大，并且需要水泥基础。

美国汽车工程师协会（SAE）研发了通用插头，即 J1772 和 J2293，如果制造商照此标准生产，那么电动汽车能够使用任何电动汽车供电设备充电。这使电动汽车充电更具灵活性，防止电动汽车仅限于使用某些公司的充电站充电。截至 2015 年，只有特斯拉（Tesla）汽车能够使用超级充电器。然而，特斯拉汽车公司的首席执行官爱龙马斯克（Elon Musk）已经宣布，他愿意与其他电动汽车制造商分享这项技术，因此，其竞争对手的电动汽车将来也能够使用超级充电器。

Ye 等（2015）发布的报告称，接入电网的集成式太阳能充电站系统能源成本为每千瓦时 0.098 美元，其借助分时电价鼓励夜间给电动汽车充电。分时电价和低利率对资本投资的影响是影响研究其经济性的重要因素。

## 4.5 太阳能充电站选址

在许多地方提供太阳能充电站至少有两个原因：第一为人们提供了充电地点的选择，使充电具有灵活性，为人们提供更多的充电机会，例如在工作场所或者在晚上活动之余，但也扩大了对电网的需求；第二是更多的位置选择，也增加了电动汽车车主在跑步或在办事时方便充电的机会，而不必刻意去找太阳能充电站充电。方便好用的太阳能充电站可以减少电动汽车车主的挫折感，使电动汽车对消费者更有吸引力。

太阳能充电站建站的地点可以有许多选择，包括工作场所、住宅区、购物中心、剧院、汽车旅馆和酒店、公共停车场、停车场、城市街道停车场、大学、体育场、餐馆、竞技场、动物园和休息站。可以说，主要公路和工作场所停车应该是提供充足充电基础设施的首选。驾驶员经常有续驶里程焦虑：担心电动汽车在到达下一个充电站之前失去动力，无法通过公路完成整个行程，也是他们不愿购买电动汽车的原因。如果在主要公路沿线建设足够的充

## 充电模式的变革：太阳能充电站

电基础设施，那么前面的问题就迎刃而解了。驾驶员将更有信心开车去更远的地方，例如从他们的住所开车到城市的各个角落或者开车旅行。工作场所也应优先安装充电站，因为根据通勤距离，有些驾驶员可能无法在一次充电的情况下到达工作地点。例如，如果一名驾驶员到单位的距离为 50 mile，而他的电动汽车是 80 mile 的续驶里程。在单位不为雇员提供充电站的情况下，驾驶员就不能在一次充电后开车回家。在回家的路上，驾驶员就可以停下来在高速公路上充电，前提是已经建设了足够多的充电基础设施，但还是会有些不方便。大多数人每周工作五天，必须能够依靠他们的汽车完成出行。工作时充电是促进电动汽车应用的重要一点。

加利福尼亚州利弗莫尔（Livermore）的 Las Positas 学院正在建造一个太阳能充电站的停车场，并具有电池储能和接入电网功能。这一 2.35 MWh 容量的太阳能电池阵列每年预计节约 75 000 美元，也可用作微电网运行，配备功率 250 kW/1 MWh 电池储能和 2 级充电站。该系统将用于减少峰值功率和平衡能量负载（Herron，2015；Imergy，2015）。2.35 MW 的太阳能电池阵列可提供整个校园所需电能的 55%左右。

4.6 节讨论将各种太阳能充电站位置的商业模型，其源于 Robinson 等早期发表的一份出版物（2014）。

### 4.5.1 适于太阳能充电站位置的充电级别

1 级充电足够满足在住宅、汽车旅馆和酒店处的多数车辆需求，因为电动汽车车主将停车过夜，有充足的时间为电池充满电。充电站的安装和运行也相对简单，不会对电网产生多大影响。2 级充电需要满足使用较大容量电池（$10\,h \times 7\,kW = 70\,kWh$）的电动汽车整夜充电的需求。停车位上方的太阳能电池板所发的电与 1 级充电所需的电力相当。在电动汽车车主可以花不同时间停车的情况下，从 1 小时到几小时不等，对于购物中心、公共停车场和大学校园来说，提供 1 级充电和 2 级充电的选择将是有益的。对于大多数地点而言，1 级充电或 2 级充电就足够了。3 级充电最适合电动汽车驾驶员能够（或希望）离开道路的时间有限的地点，例如沿主要公路的休息站。3 级充电最复杂，需要通过电池或电网才能进行快速充电。

## 4.5.2 长途旅行

使用电动汽车长途旅行时,得每隔 80~200 mile(取决于电池和车辆类型)为车辆充电。为了满足这一要求,沿主要公路和州际公路的休息站应设有充电站。在主要公路沿线的休息站和餐厅,特斯拉正在建造超级充电站来满足充电需求。NRG(2015)一直在美国城市安装直流快速充电站,可为具有 CCS 和 CHAdeMO 接头的电动汽车提供充电服务。Fastned 是荷兰的太阳能充电站网络,具备大约 50 kW 的直流快速充电能力。建设目标是在 2015 年建成 50 个太阳能充电站站点,在 2017 年建成 130 个 SPCS 站点。充电站备有 CCS 和 CHAdeMO 两种插头。太阳能电池板可以使充电站更容易被找到,每个站点有多个充电站,设计时考虑了用电池储能,以缓解和管理电网的峰值功率需求(Langezaal,2015)。在餐厅设置充电站可以方便地让驾驶员在给车辆充电的同时吃一顿饭。然而,2015 年生产的电动汽车平均每行驶 80 mile(对特斯拉而言,续驶里程是 200 mile)就必须充电一次,所有电动汽车每次都停在餐厅去充电是不现实的,因为驾驶员不可能总是那么饿。因此,休息站应该配备太阳能充电站及额外的便利设施,以便车辆充电时驾驶员打发时间。这些便利设施可以是 WiFi 网络、旅游信息、健身步行道、电视或电影选择、图书馆、游戏或者是锻炼的场地。当汽车充电时,家庭可以进行娱乐,驾驶员也能有机会进行活动。最后,值得注意的是,电动汽车的单次充电行驶里程正在不断增加。现在日产 LEAF 的最大续驶里程可达 107 mile,而特斯拉 Model S70D 的续驶里程为 240 mile。目前的预测是,这些汽车的未来车型不久将会达到当下续驶里程的 2 倍。

## 4.5.3 未来可能存在的问题

### 4.5.3.1 长途旅行和重大活动

随着上路的电动汽车数量增加(Electric drive sales dashboard,2015),在假期和重大活动中,因为试图满足大量电动汽车同时充电的需要,潜在的可用基础设施不足的问题可能会出现。当家人前往亲戚家中过感恩节或圣诞节时,在休息区可能汇聚成车流。在充电基础设施不足的情况下,充电速度很低的电动汽车很快会排成长龙,这将会影响充电站周边的交通。此外,当举办大型棒球比赛、足球比赛或音乐会时,分散在全州各地的大批粉丝可能如洪水般涌向体育场或竞技场,每个人都希望到达后能够给自己的电动汽车充电。如果没有合理的规划,就不会有足够的太阳能充电站供所有电动汽车主充电,并且大量车辆同时充电也增加了电网负荷。对于大型活动,交通部门的官员和活动组织者可以强调电动汽车车主在去体育馆或竞技场的路上或者回程时充电的重要性,而不是依赖在比赛或音乐会期间充电。为避免这一问题而采取的另一项主动规划可以是沿主要公路建立充足的太阳能充电站基础设施,以满足节假日和重大活动的高需求。这种策略可以满足不频繁出现的、大的充电需求,并允许把未使用的太阳能输入电网,以赚取业主信用积分。体育场馆和竞技场也应该安装太阳能充电站,以满足一部分与会者在活动期间为他们的车辆充电的需求。由于大多数音乐会和一些体育赛事在夜间进行,这些太阳能充电站还必须具有储电的能力。每个停车位需要安装 $20\sim35\ kWh$ 的电池包,以便每个充电站允许大约 $7\ kW$ 功率下 $4\sim5\ h$ 的 2 级充电。这足以为大多数驾驶员的电动汽车充电,包括那些住在当地和那些长途跋涉的驾驶员。白天空闲时,太阳能可以为在晚上使用的电池充电。当没有主场比赛或音乐会时,电池储能可以满足峰值功率需求,也可以输入电网(取决于公用事业规定),从而在原本为负收益时间段为业主赚取宝贵的信用积分或收入。

#### 4.5.3.2 多单元住宅或无车库家庭

随着电动汽车比例的增加,更多居住在多单元住宅(公寓和共管公寓)或没有车库的住宅的消费者可能拥有电动汽车,但无法安装个人家庭充电站。这甚至可能阻碍了这部分消费者购买电动汽车。

目前,电动汽车车主为了在他们的多住宅小区安装充电站,必须遵循许多步骤。例如,消费者必须首先得到住宅业主协会和物业经理的批准,为使用 240V 电力的充电站找到一个合适的地点,并确定谁支付安装、维修等费用。在一些州,如夏威夷和加利福尼亚州,有法律保护消费者安装充电站的权利(Webb,2014)。

公寓和共管公寓业主应考虑为其居民在住宅区安装充电站。在寻找合适的停车位和与公共事业公司合作方面,这一过程仍然很复杂,但它有助于留住居民,并吸引拥有电动汽车的新居民。通过在公寓楼顶和停车场上安装太

# 4 电动汽车充电基础设施

阳能电池板，租赁空间给车库内的电动汽车供电设备，Powertree Services 正在为旧金山的公寓住户提供太阳能充电站，允许电动汽车充电价格统一，目的是实现电动汽车的费用降到约为汽油车的 1/3。如果不需要充电，所发的电力可以满足公寓建筑内的需要，并且也可以提供离网备用电力（Ayre，2015）。

有些没有家庭车库的电动汽车车主，可以选择策略性地利用公共充电站和工作场所充电站，或雇用一名电工在地下安装 240 V 电缆及具备保护功能的路边充接头。随着充电站基础设施的增加，充电站很可能位于消费者住宅附近或消费者的工作场所，从而减少了在家中充电的需要。随着越来越多的消费者经历了类似的问题，住宅社区可以集体安装公共充电站供房主使用。此外，州法律可能会通过，要求新家庭安装 240 V 的插座。

## 4.6 太阳能充电站融资策略

在确定如何为太阳能充电站的安装提供资金时，可以使用多种融资模式。可能的资金来源包括联邦拨款、税收优惠、充电站用户允许的收入、每小时充电的收入，或与充电站公司或公共事业公司建立伙伴关系。最佳融资策略主要取决于谁（公司、购物中心、住宅社区等）在安装太阳能充电站。

目前的一个例子就是 Volta Charging，这是一家为企业（主要是购物中心）提供免费的充电站，并允许消费者为电动汽车免费充电的公司（Our story，n.d.）。Volta 用显示在充电站的广告费支付电动汽车供电设备安装费和电费（Our story，n.d.）。这些广告主要面向充电站所在的同一购物中心内的商家。商家愿意付广告费，是因为消费者在购物之前直接接触广告（Our story，n.d.）。此外，零售中心支持电动汽车供电设备，因为电动汽车供电设备吸引了更多的客户，改善了他们的绿色环保形象（Our story，n.d.）。尽管这种模式对于其他有些地方（例如休息区）效果不佳，但可以广泛应用于购物中心和类似的场所。因此，使用广告也是一种选择，以帮助支付安装太阳能充电站的费用，除了发电的价值和消费者为电动汽车充电的费用之外，还可以产生收益。

## 4.7 电动自行车、电动卡车及商务和政府车队

### 4.7.1 电动自行车和电动摩托车

当要迅速地到附近的杂货店或附近办点事时,电动自行车是合适的出行方式。电动自行车的平均行驶里程为 10~30 mile,这取决于踏板辅助的里程多少,并且可以使用家用插口充电。福特公布了两款电动自行车的原型车,都是可折叠的,并且有传感器提醒过往车辆的乘客。可折叠的功能使骑手可以把自行车带到公共交通工具上,或者将自行车放在汽车上(福特新闻中心)。

电动滑板车(E-scooter)和电动摩托车(E-motorcycle)也越来越受欢迎。与电动汽车一样,它们不需要汽油,维护工作量小,其行驶距离分别为 40~90 mile 和 130 mile 以上。电动滑板车和电动摩托车可使用家用插座充电或使用大多数公共电动汽车充电站使用的适配器充电。这些车辆在亚洲国家有巨大的市场,在中国的销量处于领先地位。随着电动自行车、电动滑板车和电动摩托车数量的增加,有能力为这些车辆和电动汽车充电的自行车架和公共充电点将是有用的。充电点应主要位于购物中心、市场和工作场所等交通繁华的区域。

太阳能充电站对于电动自行车、踏板车和摩托车而言意义非凡,因为太阳能电池板可以为车辆遮阳,还可以使车辆免受雨雪侵袭。为这些车辆配备了太阳能充电站的停车场基础设施也鼓励购买和使用这些车辆,这会对这些高度城市化地区的空气质量产生积极影响。

### 4.7.2 电动卡车

为电动卡车充电的基础设施需要适应其较大的电池包,可以有几种策略。

一种就是电动卡车采用换电方案。卡车可以拖带一辆具有足够电池能量的小型拖车,行驶超过 300 mile。通过太阳能和电网给电动卡车电池包充电,更换电动卡车上低电量的电池包,换电公司可通过这项服务挣得服务费。如果电动卡车电量低,可以在高速公路的快速停车点停车,卸下电量不足的电

池，装上充满电的电池。电动卡车也可以携带多个充满电的电池包，使用中的电池包没电时可以进行更换。

另一种策略是采用类似于电动汽车充电的模式，需要沿主要公路建造太阳能充电站基础设施。在这种模式下，在卡车充电时，电动卡车司机可在停车站休息。电动卡车停车区可以有餐厅和洗手间，并出售类似于加油站里的食品（包括水、苏打水、饮料、热狗、零食和糖果）及便利商品（彩票、洗浴用品、烟草产品）。此外，为了提供娱乐，卡车站可以提供 WiFi、迷你高尔夫球场、电视休息室、图书馆，可能还有小憩的地方。卡车站也应该配备一个适当大小的屋顶太阳能电池阵列，以尽可能多地为卡车站提供清洁电力，以减小电费和环境的影响。关键是卡车站里的太阳能充电站基础设施要有足够大的储能电池容量。类似于特斯拉的超级充电器模式，几个大型电池包可以存储多余的太阳能，以减小电网负荷，并且有助于卡车站节省公共事业费。

有几个电动卡车公司已经开张运营了，实行两种不同的充电策略。例如，史密斯电动卡车（Smith Electric Trucks）在车上装有全自动充电器，配备了美国、欧洲和亚洲标准的连接插头（Affordable and Available All-electric，n. d.）。此外，博尔德电动汽车公司（Boulder Electric Vehicle）的电动卡车有将电能从车辆传到电网（V2G）的功能，意味着电动卡车一旦插入充电站，电动卡车电池不仅可以存储电能，而且可以在适当的时候把电卖给电网来赚取利润（Boulder Electric Vehicle，n.d.）。这两种技术都有可能成为未来电动卡车标准的特点。

随着技术的发展，电池的成本正在稳步降低，但目前的价格仍然相对较高。为了使大型太阳能蓄电池包更适合电动卡车站，可以回收电动汽车退役的电池。电动汽车退役电池比新电动汽车电池便宜，通常还有 80% 的存储容量（Used Chevrolet Volt Batteries，2015）。通用汽车已经成功地回收利用了电动汽车的退役电池，并将它们用在家庭、企业和公共事业单位中提供电能，在停电时用作备用电源，条件允许时，也可以存储多余的太阳能（Used Chevrolet Volt Batteries，2015）。卡车站也可以购买退役电池，以更低的价格来存储太阳能。例如，循环利用的电池价格为每千瓦时 200 美元，而新电池的平均价格为每千瓦时 300 美元（Nykvist 和 Nilsson，2015）。卡车站可以购买这些回收的电池，并收取每千瓦时 0.04 美元的太阳能充电站使用费用。假

## 充电模式的变革：太阳能充电站

设有电池储能的太阳能充电站一年使用 300 天，电池成本将在 20 年内收回。由于汽油车平均的运行成本为每英里 0.67 美元，所以每千瓦时 0.04 美元的存储成本是非常合理的。截至 2015 年，还没有足够的电动汽车退役电池来支持大规模采用这种购买回收电池的模式，但很快就会在全国范围内大规模实行。

### 4.7.3 商业和政府车队

商业和政府车队已经开始向使用电动汽车转型。例如，通用电气为其员工和客户购买了 25 000 辆电动汽车，而诸如休斯敦和湾区城市的市政府的车队已经转型到电动汽车（Fleet Electrification Roadmap，2010；Houston Drives Electric；Electric Vehicle Fleet，n.d.）。电动汽车车队使用电动汽车的同时，节省了公司或政府的维修费和燃油费。因为车队每天行驶相同的路线和距离，所以驾驶电动汽车的续驶里程不再是个问题了（Fleet Electrification Roadmap，2010）。为固定路线的车队建设太阳能充电站也非常容易，且投资回报率高。此外，一般地，商业或政府车队（或车队内的特定车辆）每天行驶距离并不远，所以这些电动汽车可以使用容量小一些的电池，成本更低（Fleet Electrification Roadmap，2010）。

车队对基础设施的需求因车辆的停放位置和典型的行驶里程而有所不同（Fleet Electrification Roadmap，2010）。在电动汽车续驶里程之内且可停放在中央车站的车队，可在其车库位置安装带有储能电池的太阳能充电站。在电动汽车闲置时，电池可以充电。由于这些电动汽车也可能在夜间充电，因此需要蓄能电池能收集白天的太阳能。其他车队司机可能将车辆停放在家里过夜，这种情况一般是销售车辆或执法车辆。此时，就需要建设家用充电站甚至在中央补给站安装几个太阳能充电站。有些车队可能无法预测每天的行车路线，或者有可能行驶距离大于电动汽车的续驶里程。这些车队也必须依靠沿着交通繁忙的街道和公路上建设的太阳能充电站，并且除了中央补给站外，还有可能在客户的停车场安装太阳能充电站。这些电动汽车的基础设施将因需更多的太阳能充电站而导致成本更高，但这些将有利于国家建设充电基础设施，并可能有资格获得联邦政府的奖励。由于白天发电具有更大的价值，因此太阳能充电站在白天发的电最好用于日间活动和峰值电力需求。较便宜的电可在夜间给电动车队充电。

# 4 电动汽车充电基础设施

采购人员最清楚哪种车队类型满足自己单位的需要。一些车队可能需要紧凑型、中型或全尺寸的汽车，而另一些车队可能需要皮卡车或货车。目前市场上没有多少电动皮卡车或电动卡车。日产欧洲正在为贵宾、酒店、出租车和私人客户开发一款7座电动货车。类似地，日产美国也在开发一款5座货车（Nissan Europe，n.d.；Nissan USA，n.d.）。克莱斯勒还在开发插电式混合动力小型电动货车（Chrysler vehicles，n.d.），Via Motors公司也开发了一款增程式电动皮卡车（Via，n.d.）。电动皮卡车和电动货车的量很小，消费者没有太多选择。此外，这些车辆尚处于开发阶段，只是最近才有报道。电动汽车产品不能满足车队需求和消费者需求，可能会阻碍潜在的客户购买电动汽车。越来越多的电动皮卡车和电动货车不断进入市场供客户选择。部分汽车制造商表示，这些电动汽车所需的技术不成问题。电动汽车类型的增多将吸引更广泛的车队和客户群体，而电动汽车用户的增加又会促进太阳能充电站基础设施的更快发展。

## 4.8 公共交通电动化

出租车和公共汽车这类的公共交通工具是大城市的主要交通方式之一。重要的是，公共交通电动化的基础设施就是适应燃油汽车的转型及公共交通的不同需求。

由于出租车和公共汽车不断地将乘客运送至他们的目的地，或者按时间表在线路上运行，车辆一般不能在白天花费几个小时或更多时间来充电。出租车和公共汽车可以使用无线充电，而不必像个人电动汽车车主那样使用相同的充电站。只要电动汽车在充电线圈上驶过，无线充电即可给车辆充电，充电线圈可以位于地面上，也可以埋在地面下，也不需要驾驶员下车或使用任何插头（Plugless，2015）。电动汽车只需要在底部安装充电适配器。无线充电供应商还提供移动应用程序（APP），帮助用户找到空闲的充电位，可以手动停止充电，也可以通过充电电量、充电时间、充电费用的选择来自动停止充电。还可以跟踪统计每月使用的信息。如果在全市范围内建有无线充电设施，公共汽车或出租车司机可以轻易地到公共汽车站或指定的路边停车点停

## 充电模式的变革：太阳能充电站

车，边等待乘客，并无缝地边充电。通常公共汽车每天的路线都是一样的，公共汽车司机就可以知道公共汽车每天充电的时间和地点。许多出租车也经常为机场、酒店、会议中心和旅游景点提供服务。

允许出租车司机或城市公共汽车司机在不下班的情况下充电几个小时，既省时又省钱。过夜或每当出租车或公共汽车闲暇时，车辆可以在其车队停车场使用带有储能电池的太阳能充电站充电。未来在夜间给车辆充电，电池储存白天多余的太阳能是重要的。公共汽车需要相对较大能量的蓄能电池包（30～300 kWh）才能给车辆充满电，以免支付公共事业费。太阳能充电站与电池组合使用，可以用清洁能源为部分车辆充电，减小了电费和电网压力。

同样，校车每天早晚的行驶路线相同，所以，司机知道校车每次行驶的距离（并且在中午经常有一些非工作时间）。可见，转型到电动校车并提供足够的充电设施是可行的。电动校车可能会用停车场里的太阳能充电站，车辆可以在学生上学和夜间休息时充电。根据公交线路的距离，有些电动校车可以利用校车站点的无线充电设施充电。

城市随处可以找到充电基础设施，可以为私家电动汽车和城市电动公交充电，以满足每个人的需要。为了满足开私家电动汽车进城的需求，还应当考虑安装便于私家电动汽车充电的基础设施。鉴于城市的停车场有限，可以在停车库内安装充电站和在屋顶安装太阳能设施。此外，可以沿主要道路的城市停车点安装太阳能充电站，并用时间限制的办法进行太阳能充电站计费，以保证充电设施的循环使用。

## 4.9　电动汽车和太阳能充电站基础设施的未来

Ericsonetal 等（2015）的报告称，从 2013 年 1—6 月至 2014 年 1—6 月，美国纯电动汽车销量增长了 33.9%。假设这一年增长率保持不变，到 2030 年美国将有 1 000 万辆以上的纯电动汽车。此外，如果目前纯电动汽车与公共充电站的比例为 34:1 保持不变，到 2030 年应建设超过 29 万个公共充电站。维持这个比例就需要在 15 年内建设 27 万个公共充电站，也就是说，每年建设 18 000 个公共充电站。理想情况下，34:1 的纯电动汽车与公共充电站的比例会进一步降低。但是即使纯电动汽车年销售增长率保持不变，实现这一目标仍需要进一步提高充电站建设的比例。

由于太阳能充电站提供了一种清洁发电的方法，许多停车位可以配备太阳能充电站，以大幅增加使用可再生能源发电的比例。关键是不断建设太阳能充电站基础设施，才能满足全球范围内日益增长的纯电动汽车、插电式混合动力电动汽车和增程式电动汽车的需求。基础设施不足可能导致充电排队和使驾驶员产生情绪波动，还有可能增加驾驶员的续驶里程焦虑。为了有效地从燃油汽车向电动汽车转型，太阳能充电站基础设施必须做到方便好用。美国和欧洲的有些地区，如加利福尼亚州及欧洲的主要城市，拥有比其他地方更多的充电站基础设施。理想情况下，消费者可以选择车辆充电地点，在那里 95%的停车时间可以给车辆充电。工作场所充电和沿主要公路的充电应成为常态。具有可持续发展理念的领导者已经正在努力建设世界充电基础设施，但还需要继续努力。

解决成本和经济问题时，需要考虑大幅降低太阳能电池板和电池的价格。两者的价格在过去五年中都有所下降，因此，后期项目的费用可能会高于未来项目的费用。Straubel（2015）表示，发电的太阳能电池板价格遵循一个模型，即 $\lg Y = A\lg X + B$。其中，$Y$ 是太阳能电池板模块的价格，单位为\$/W；$X$ 是累积太阳能光伏的出货量，单位为 MW。数据的近似拟合得到 $A = -0.325$ 和 $B = 1.67$。也就是说，价格已经下降至不到 1 \$/W（Straubel，2015）。

## 4.10 总　　结

基础设施可以说是电动汽车推广的最大障碍。电动汽车供电设备的模式必须从与加油站基础设施不同的角度去考虑，并且应与顾客经常光顾的位置相结合。不管外出办事还是在家里停车或者上班时停车，驾驶员都必须要能为他们的车辆充电。这一基础设施不仅必须适用于私家车，还必须适用于车队和公交车辆。2 级充电和 3 级充电的基础设施必须与车队和出租车需要的无线充电及充电基础设施同步建设。用再生能源特别是太阳能为这个基础设施供电，将产生可持续的电能，并减小电网的额外负荷。从燃油汽车向电动汽车转型时，至关重要的是建设充足的太阳能充电站基础设施。

## 参考文献

Afford and available all-electric trucks are available today worldwide. (n.d.) Retrieved July 24, 2015, from http://www.smithelectric.com/.

Agenbroad, J. and B. Holland. (2014). Pulling back the veil on EV Charging station costs. RMI Outlet, Rocky Mountain Institute, April 29, 2014; http://blog.rmi.org/.

Ayre, J(2015) Awesome solar-powered EV-charging station initiative in San Francisco aids apartment dwellers, Clean Technica, January 2, 2015: http://cleantrchnica.com/.

Boulder Electric Vehicle. (n.d.). Retrieved July 24, 2015, from http://www.boulderev.com/index.php.

Chrysler vehicles. (n.d.). Retrieved July 27, 2015, from http://www.chrysler.com/en/.

Electric drive sales dashboard. (2015, June). Retrieved July 22, 2015, from http://electricdrive.org/index. php?ht=d/sp/i/20952/pid/20952.

Electric Vehicle Fleet National Demonstration Project. (n. d.). Retrieved July 27, 2015, from http://www.scwa.ca.gov/eletric-vehicles/.

Erickson, L. E., A. Burkey, K. G. Morrissey et al. (2015). Social, economic, technological, and environmental impacts of the development and implementation of solar-powered charge stations. Environ. Prog. Sustainable Energy. 34: 1808−1833. Doi:10. 1002/ep. 12163.

Fleet Electrification Roadmap. (2010, Novermber). Retrieved from http://www.electrificationcoalition. orp/sites/default/files/EC-Fleet-Road-screen. pdf.

Herron, D. (2015). Solar panel covered parking lots with charging stations underneath-EV nirvana, The Long Tail Pipe, July 3, 2015; http://longtailpipe.com.

Houston Drives Electric. Green Houston Electric Vehicles. Accessed August 7, 2015. http://www.greenhoustontx.gov/ev/.

Imergy. (2015). Chabot-Las Positas Community College District, Imergy Power

Systems and Geli Awarded CEC Grant to Provide Energy Storage Technology for Las Positas College Microgrid Project, Imergy Power Systems, February 12, 2015; http://www.imergy.com/.

Langezaal, M. (2015). The fastened freedom plan, EV Obsession, October 8, 2015. http://evobsession.com/.

News Ford Media Center. Accessed August 7, 2015. http://media.ford.com/content/fordmedia/fna/us/en/news.html.

Nissan USA. (n. d.). Retrieved July 27, 2015, from http://www.nissanusa.com/.

Nissan Europe. (n. d.). Retrieved July 27, 2015, from http://nissan-europe.com/.

NRG. (2015). We make EV driving esay; http://www.nrgevgo.com.

Our story. (n. d.). Retrieved July 22, 2015, from http://voltacharging.com/about.

Plugless. (2015). Meet the Plugless L2; http://www.pluglesspower.com.

Robison, J., G. Brase, W. Griwold et al. (2014). Business models for solar powered charging stations to develop infrastructure for electric vehicles. Sustainability 6(10): 7358 – 7387. Doi:10.3390/su6107358.

Straubel, J. B, (2015). Energy storage, EVs and the grid, 2015 EIA Conference, Washington, DC, June 15, 2015; http://www.eia.gov/conference/2015/.

U. S. Department of Energy. (2015). EV everywhere workplace charging challenge, Office of Energy Efficiency and Renewable Energy, Washington, DC.

USEIA. (2015). Summary statistics for the United States, 2003 – 2013, U. S. Energy Information Administrations; http://www.eia.gov/electricity/.

Used Chevrolet Volt Batteries Help Power New IT Bulding. (2015, June 16). Retrieved July 24, 2015, from http://www.gm.com/content/gmcom/home.html.

Via. (n. d.). Retrieved July 27, 2015, from http://www.viamotors.com/.

Webb, A. 2014. With planning, electric vehicle ownership is accessible to apartment dwellers. Last modified February 4, 2014. Accessed August 7, 2015. http://www.plugincars.com/planning-electric-vehicle-ownership-accessible-apartment-dwellers–129340.html.

Ye, B., J. Jiang, L. Miao et al. 2015. Feasibility study of a solar-powered electric vehicle charging station model. Energies 8:13265 – 13283.

# 5 电池和储能

Larry E.Erickson,
Jackson Cutsor

今天的科学就是明天的技术。

Edward Teller

# 5 电池和储能

## 5.1 引　　言

电动汽车的电池和储能电池在未来都是至关重要的,因为储能是电动汽车发展的关键,也是具有风力发电和太阳能发电的智能电网中的关键。电池的进步已经改变了世界。在过去十多年里,电动汽车的电池成本已经下降,这使得电动汽车能够与其他替代品竞争。利用太阳能电池发电的家庭和企业对电池储能很感兴趣,并且电池储能还可以用在电网中,帮助管理电力系统的负荷和电力供应。储能是停车场中太阳能充电站管理的替代方案之一。特斯拉在其超级充电站网络中使用电池储能,以减少大功率需求的费用。电池储能已经在离网电气系统中使用很多年了。由于风能和太阳能是在风速和太阳辐射强度不受控制的条件下产生的,因此,电网的储能就要有采用此时发电彼时用电的能力。这种能力减少了对太阳能发电和风能发电的顾虑,转而关注能够在需要时保持获得电力的能力。

## 5.2 电　　池

多年来电池已是司空见惯。铅酸电池已经在汽车电气系统中使用很多年,并且用于通用汽车公司生产的早期电动汽车上,可惜的是,后来这些电动汽车从市场上被淘汰了。电池具有阴极(正极侧)和阳极(负极侧),储存化学能并利用氧化和还原反应工作。电池的进展除了显著降低成本之外,还包括能量密度(能量/质量和能量/体积)的提高。就像任何其他的电池一样,以化学能存储电能再以电能输出,电动汽车电池兼具功率和能量特性。下面简要介绍这些一般特性。电池的容量是以千瓦时(kWh)为单位存储能量的,而电池输出的功率的单位是千瓦(kW)。电动汽车电池可以充电并多次使用。电池的日历寿命和可再充电次数是其重要特性。如果电池未完全放电,则电池寿命预计会更长。放电深度是再充电之前所用能量的百分比。电池提供直流电(DC),而电网是交流电(AC)。逆变器需要完成从直流到交流的转换。从交流到直流及从直流到电池中化学能的转换总是有能量损失。

## 充电模式的变革：太阳能充电站

电池管理系统（BMS）是电动汽车电池的特点之一，在许多其他场合应用的电池并不具备。电池管理系统确保电池运行在安全区间内，并收集诸如温度和荷电状态等信息。电池固定在电池包中，电池包有许多电池模块，而每个模块中又有许多电池单体。特斯拉 S 有约 7 000 个电池单体，电池包的总质量约为 600 kg，即 1 323 磅（Masson，2013）。电池的温度非常重要，原因在于化学反应的速率随温度而变化。工作温度非常低时，电池输出的电能会减少。工作温度非常高时，又会损坏电池。在充电和放电时，会产生热量，所以进出电池包的热量传递都很重要。产生了热量是因为充电效率小于100%。圆柱形电池在圆柱之间有一些空气流动和热传导的空间。电池管理系统有热控制系统，可以保持电池的温度处于 0~30 ℃ 的预期范围内。有的热控制系统使用空气介质，有的使用液体介质。太阳能充电站为电动汽车遮阳，这在炎热气候中意义很大，因为太阳辐射会使电动汽车升温，进而导致电池包处于高温的危险中。电池、电池管理系统、热控制系统、逆变器和充电口的设计是为了提供电动汽车行驶时的功率及满足行驶里程所需的能量。

电池包的寿命取决于所处的温度、放电深度和充电率。1 级充电和 2 级充电具有适度的放电深度，对电池组的寿命影响不大。3 级充电（快速直流充电）应予以更多关注，此时电池频繁进行快速充电。预期电动汽车电池系统与车辆的寿命一样长。丰田普锐斯有许多汽车已经使用了十多年了。其中有些车辆的整个生命周期内只使用一组电池，其中包括一辆行驶了 530 000 mile 的普锐斯（Richards，2013），其因车祸而停用。这辆车主要在加利福尼亚州使用，那里不受极端温度的影响。

电动汽车的电池包容量降低，达到其使用寿命之后，仍可应用在固定场合，比如有太阳能充电站的停车场。在固定场合应用的电池达到寿命后，电池中的材料可以回收再利用。

Vatanparvaretal 等（2015）研究了电动汽车中的加热、通风和空调（HVAC）系统，意在需要控制的情况下优化控制 HVAC 单元的运行，以较少其消耗的功率，以便 BMS 和电驱动系统能够使用电能。当车辆上坡或加速时，电动机功率消耗大，此时所设计的控制器可以减小 HVAC 的功率消耗，当电动机功率消耗较少或处于发电状态时，控制器可以增加 HVAC 的功率供给。当环境条件极寒或极热时，这种分析和控制是最有价值的。作者们期望通过降低功率需求和极端温度所引起的电池负担,来延长电池的寿命。

## 5.3 电池的成本

随着电池的研究、开发和使用经验的积累,电动汽车电池的成本持续下降。整个费用包括电池单体、模块和系统的费用。整个电池系统的成本包括电池包、BMS、热控制系统、逆变器和充电口。在报价时,有必要具体说明所包括的内容。Nykvist 和 Nilsson(2015)报告称,根据 2014 年和 2015 年年初的价格计算,市场领先厂家的电池包成本约为 300 美元/kWh。2015 年 3 月的一份报告中,美国能源部(2015)报告说,估计年产量达 100 000 只电池时,每千瓦时可用能量的成本为 289 美元。Ayre(2015)报告说,2015 款特斯拉电池的估计成本约为 250 美元/kWh。在内华达州(Nevada)特斯拉新建的电池厂开业并开始生产后,有报道的单体估价为 88 美元/kWh,电池包级别的成本为 38 美元/kWh,总成本为 126 美元/kWh(Ayre,2015)。就特斯拉 S 而言,电池容量 70 kWh,以 126 美元/kWh 计算,电池成本为 9 000 美元水平,而过去以 500 美元/kWh 计算,则估计的电池成本为 35 000 美元。通用 Bolt 的电池单体估计成本为 145 美元/kWh(Cobb,2015),这样电池包成本约为 200 美元/kWh 的水平。电池成本的下降可能使通用和特斯拉以低于 39 000 美元的价格出售续驶里程约为 200 mile 的电动汽车(Straubel,2015)。电池的价格将很快在 2020 年达到 200 美元/kWh,使电动汽车在未来 20 年内具有成本竞争力(Climate Council,2015)。

以上给出的电池价格是锂离子电池的价格。锂离子电池以其较高的能量密度和功率密度而得到广泛应用。安全、成本、性能和寿命是选择电池的重要考虑参数,锂离子电池在这些方面均具有竞争力。据估计,电池用的锂供应充足,所以不会出现锂的短缺现象(IREMA,2015)。

电池包越大,电动汽车主就可以有更多的选择机会。当电价较低时充电,如在夜间,当业主有足够的时间利用最佳的分时电价时,就可以安排充电。200 mile 的续驶里程足够了,因为大多数驾驶员在达到续驶里程极限之前就因其他原因停车了。

## 5.4　能 量 储 存

除了电动汽车中的电池外，还有大量的电池用于其他形式的电能存储。2014 年，公共事业规模应用的电池单体销售额约为 2.2 亿美元（IRENA，2015）。这还不包括那些已有太阳能电池板和电池储能的客户在需求方（Behind the meter）采取的存储措施。中国、德国、日本和美国在电池储能领域处于领先地位（Climate Council，2015）。未来，澳大利亚在电池储能方面的前景也非常乐观（Climate Council，2015）。

与公共事业规模的发电、储电和输电有关的转型已经开始了。具有分时电价功能的智能电网就是这种变化的一部分。在过去和现在，在需要更多电力时，天然气驱动的小型发电机已经启动发电。电池储能的价格低于建造一台仅在需要时启动的新天然气发电机的价格，因此从建设这些新发电厂过渡到电池储能是合理的。随着更多可再生发电的产生，当电力公司发电量超过需求时，也面临做什么的挑战。在短时间内，减少核能和煤的发电量是不容易的，也是不可取的。电池储能为太阳能和风能发电提供了一种选择，而这种发电不是应急发电。当电力需求较低且供大于求时，电池就增加储能，以此帮助解决公共事业日常常见的电力需求瞬变的问题。在当天的需求高峰期，储能装置可以输出电能，以满足更高的需求。有了风能和太阳能，由于风速的变化和云层的移动，就会有短暂的变化，而电池储能可以有效地管理这些变化。电池储能可以代替一个一直处于热备用状态的小型发电厂，这个小型发电厂通常用来保证电网的稳定运行。预期使用可再生能源发电的能力和电池的容量会持续提高，原因在于这种发电和电池储能的成本将继续下降（IRENA，2015；Climate Council，2015）。与公共电网级电池储能有关的年收益预计将从 2014 年的 2.2 亿美元增加到 2023 年的 180 亿美元（IRENA，2015）。到 2023 年，预计用于电网的电池储能中的 40% 会以可再生资源的形式整合到电网中，37% 用于负荷转移，15% 用于满足峰值电力需求（IRENA，2015）。

由于电力供应方便，一直有一个未接入电网的电气系统，因为接入电网要么非常贵，要么不可能。在电气系统市场上，配备电池储能的太阳能电池板变得更具竞争力。通常，柴油是太阳能的替代品，但柴油的价格比目前的天然气价格高得多。太阳能电池板和电池价格下降的结果就是离网发电系统价格更低廉。对于那些收入非常有限的人来说，这是非常重要的。在世界的许多地方，生活在农村地区的人并没有通电。例如，非洲大部分地区农村家庭没有通电（Sachs，2015）。制冷、通信和夜间的照明对生活质量改善和进一步发展都很重要。将简单且廉价的发电系统带到没有电的地方是有价值的。用电价格的降低对许多从电力系统中受益的人是很有帮助的。目前，这些离网应用的电池市场销量达到每年数以百万计（IRENA，2015）。

许多人在屋顶上安装太阳能电池板发电，因为电池板能够降低发电成本。而有些人这样做是因为他们赞成向可再生能源转型。有些情况下，储能电池是安装的一部分，其目的是存储能量，以便在其他时间（如晚上）使用。太阳能电池板和电池储能可以使业主用电更可靠，因为电网发生故障时，可以断开电网，使用太阳能电池板和电池储能系统（不超过系统的容量）发电。预计房主和商业运行的电池储能市场将大幅增长（Climate Council，2015；IRENA，2015）。

来自电网的电价会因燃料的种类和燃料的成本而变化。如果岛上没有煤和天然气，岛民的用电成本一般较高。与许多岛屿的替代能源相比，具有电池储能的太阳能系统很有竞争力（Climate Council，2015）。塔斯马尼亚（Tasmania）的国王岛（King Island）已将发电用柴油消耗量减少了50%，因为岛内大部分发电量已经过渡到由太阳能和蓄能电池组成的发电系统。

公共需量电费（Utility demand charges）体现在某些电费账单中，目的是减少有些客户高峰时段用电量。需量电费就是基于计费周期内电量使用最高的15 min期间的平均功率。例如，如果客户使用干衣机和电炉的同时，采用2级充电给电动汽车充电，这就会导致在每月计费周期内出现电费最高的情况。需量电费可高达30美元/kW，即10 kW的功率得付费300美元（Wishart，2013）。电池储能正在用于减少需量电费的开支。特斯拉在有些超级充电站使用电池储能，以避免需量电费引起成本的显著增加（Halvorson，2013）。这些特斯拉超级充电站的太阳能充电站在停车位和充电站上方安装了太阳能电池板，既与储能电池相连，又与电网相连。快速充电可以高达120 kW；然而，BMS负责充电管理，以避免电池过热和过充。

### 充电模式的变革：太阳能充电站

设有太阳能充电站的停车场有大量的 2 级充电的充电站和夜间充电站，电池储能可以大幅度减少需量电费，还允许停车场经营者更多地利用太阳能充电站所发的电。如有出席人数众多的活动时，停车场会停满希望充电的电动汽车，此时拥有储存的电能可以减少对电网的需求。有两方面可以考虑：一方面是降低需量电费，另一方面是具备分担电网负荷的能力。

## 5.5 总　　结

在开发电动汽车用电池以及停车场和其他地点的储能电池方面已经取得了重大进展。电动汽车因电池成本下降而更受欢迎，2015 年全球运营的电动汽车数量已超过 100 万辆。为电动汽车和电网供电的太阳能充电站及电池储能的停车场，未来都是很好的。

### 参考文献

Ayre, J. 2015. Tesla gigafactory& battery improvements could cut battery costs 50%, Clean Technica, September 21, 2015;　http://cleantechnica.com.

Climate Council. 2015. Power fulpotential: Battery storage for renewable energy and electriccars, Climate Council of Australia; http://climate council.org.au.

Cobb, J, 2015. Chevy Bolt production confirmed for 2016, Hybrid Cars, October 2,2015;http://www.hybridcars.com.

IRENA. 2015. Battery storage for renewables: Market status and technology outlook, International Renewable Energy Agency; http://www.irena.org.

Masson, L.J. 2013. Why Teslarules: Huge battery with small cells, Plug-in Cars, November 6, 2013; http:// www.plugincars.com.

Nykvist, B. and M. Nilsson. 2015. Rapidly falling costs of battery packs for electric vehicles, Nature Climate Change 5:329-332.

Richards, G. 2013. Road show: Prius goes 530,000 miles on one battery, San Jose Mercury News, February 22,2013.

Sachs, J. 2015. The Age of Sustainable Development, Columbia University Press.

Straubel, J.B. 2015. Energy storage EVs and the grid, 2015 EIA Conference presentation, June 15, 2015.

U.S. Department of Energy. 2015. Energy Storage R&D: FY 2014 Annual Progress Report, Vehicle Technologies Office, Energy Efficiency and Renewable Energy, March 2015; http:// www.doe.gov.

Vatanparvar, K and M. AAl Faruque. 2015. Battery life time–aware automotive climate control for electricve hicles, Design Automation Conference, DAC 15, June 7-11, 2015, San Francisco; http://dx.doi.org/10.1145/2744769.2744804.

Wishart, J. 2013. Utility demand charges and electric vehicle supply equipment, CHARGED: Electric Vehicles Magazine, October 31, 2013; http://chargedevs.com.

# 6 电网现代化

Matthew Reynolds,
Jackson Cutsor, Larry E.
Erickson

---

创意的价值在于应用。

Thomas A. Edison

---

# 6　电网现代化

## 6.1　引　言

目前的电网都是配电网。随着 Nikola Tesla 发明的交流电（AC）的创新和应用，电网可以将电力从发电地点输送到需要电力的偏远农场和城市。发电原理使输电在物理和经济上都是可行的。提高电压，可以减小电流。功率损耗等于电流平方乘以电阻，即 $P_{\text{LOSS}} = I^2 R$，因此，减小电流对长距离配电具有重要意义。由于电磁学和变压器的发明，电可以进行升压或降压，以满足长距离输送或用于 110 V 的家用电器。如果不升压，在输送过程中过多的电能将以热的形式散失，进而降低终端功率并产生安全问题。

为了适应日益增长的用电需求，特别是电动汽车对电能的需求，电网需要进行升级，特别是局部电网的升级。负载的增大可能需要安装更大的变压器及更多的大负荷配电线路。一般来说，当地公共事业公司的每个电动汽车的负载和需求大约相当于普通规模的家庭。增加几辆汽车均匀分布在城市中不值得担心，但随着购买电动汽车的需求不断增加，需要进一步细分。社会经济地位相似的人通常住在同一个社区或多个相近的社区。与平均收入较低的社区相比，一个较富裕的社区更有可能增加电动汽车的用量。实际上，在富裕的社区里，每个拥有 2 级充电的家庭中增加一两台电动汽车，可能增加 150% 的电力需求和负荷。

未来的电网被称为智能电网，包括多方向的电力输送、网络计量和分布式电能存储。智能电网增加了参与发电、配电和使用的所有实体之间的通信。通信的关键流程是生产者用电的区域模式和消费者的个人统计（例如他们及其邻居当前正在消耗多少电能）。这些特点中的每一个都开辟了大量的新的商机。多方向电力输送意味着小规模电力生产者，如房主或企业，可以将电力回送电网。这种多方向电力输送系统可以使房主和企业减少电费。

目前的用电模式有一个典型的需求曲线。人们在上午 8 点左右起床上班，用电需求较低。接着用电需求居高不下，然后从下午 4 点到晚上 9 点达到峰值，这期间是人们回到家至上床前活动的时间。这样，出现了一个低谷、一个高原和一个高峰。提高电网效率的目标就是有效且经济地管理电能的供应

## 充电模式的变革：太阳能充电站

和需求。电能不容易存储，并且发电厂不能低于最小输出。如果不使用，电能就浪费掉了。当需求曲线处于低谷或图中的任何其他低于发电机最小负载的点时，电能就会被浪费掉。智能电网旨在使最小输出和实时电力需求之间的差距最小化。

升级当前的电网已成为最近相当多的研究和发展的主题。这种智能电网可以提供电力和信息传输的方法，这将引起行业的革命。主要特征包括信息通信系统与受控电流的匹配。这确保了两个重要方面：第一，用户可以在其功率选择时有更多新的自由；第二，可以在公共事业和发电市场节约开支。目前电网存在着某些局限性，使电网的升级具有必要性，如发电成本、可再生电力的整合及客户在电力管理中的作用。

为了降低经济和环境成本，必须找到一种提高电网效率的方法。可以增加可再生能源的生产形式，从而提高电网的质量。由于大多数可再生能源（风和太阳能取决于天气条件）的可变性，将这些能源纳入当前电网中可能降低可靠性，因此有必要升级到能够实现分时（TOU）电价的智能电网。目前，世界上总电力需求约为 15 TW，随着人口的增加，这一总需求也会增加（U.S. Department of Energy，2015）。就当前的电网而言，需要昂贵的峰值发电单元。我们需要使电网现代化，以便能考虑使用更多的可再生能源，也可以管理使用时间。

目前电网的缺点之一在于缺乏沟通。增加用户对他们消耗电力的了解，就可以为电力公司提供更多的信息，这是实现电网现代化所必需的（U.S. Department of Energy，2015）。智能电网及与之相关的技术将提供把太阳能充电站（SPCS）集成到电网的最佳方式。

## 6.2 智能电网是什么？

智能电网是一个网络物理系统，可支持并增强高度分散的客户、发电机、存储单元、测量设备和信息显示系统之间的通信、可控性和响应的能力，以便智能地整合所有连接参与者的行动，达到高效、经济地输送高品质、高可靠性的电力的目的（Camacho 等，2011；Speer 等，2015）。智能电网的优点包括电力系统的运行更高效、运营成本更低、整合可再生能源及通过分时（TOU）电价更好地管理电动汽车充电。

有许多智能电网技术和理论在本章中进行了讨论。它们共同的主要特征是将通信系统与分散的电网匹配。通过 WiFi、电话线、卫星等方式的通信，将收集关于系统和发电的数据，实现：① 通知用户他们的用电情况和分时电价，以便用户做出更明智的决定；② 告知电力公司分布式发电机的发电情况，并考虑更高效的运行方式和更与实际相符的定价；③ 通知控制操作员所有线路的电力状态，以提高系统安全性并减少停电次数。有许多被认为是"聪明"的技术，然而，我们关注的是主要技术类别，即高级量测体系（AMI）、智能电表、智能逆变器、配电自动化、现代通信系统和需求响应。

## 6.3 智能电网的优点

智能电网的主要优点如下（Camacho 等，2011；U.S. Department of Energy，2015）：

① 更好地适应可再生能源发电；
② 利用分时电价，使更多的消费者参与优化用电；
③ 更好的电力品质和可靠性；
④ 更好地优化资产和运营，以降低成本；
⑤ 更好地为所有电网参与者提供做出最佳决策所需的信息的能力；
⑥ 更有效地将太阳能充电站和电动汽车整合到电网；
⑦ 减少温室气体的排放；
⑧ 更好地将储能整合到电网。

智能电网的优势之一是参与高级信息收集。这可能涉及不同层级的发电系统，最终能够准确和有效地监测发电、储能和配电。该领域主要参与者之一就是高级测量体系（AMI）。该技术包括使用智能电表，将电能使用报告发送给电力公司。这些仪表包括设置在住宅和输电沿线的仪表，并且具有更高的时间分辨率，以获取更有代表性的能量数据。通过智能电表和智能电器，电力公司可以收集多种数据，包括停电次数、电网电压、频率甚至电能品质

（Kempener，2013）。堪萨斯（Kansas）市水务局开始安装高级测量体系，报告说用户服务行程减少了1/3，并且该技术增加了投资回报率。通过使用先进的"智能"电表，用户可以开始更多地了解他们的电力决策，从而形成一个更高效和更好管理的电网。

由于可再生能源的瞬态特性，由此产生的电力频繁变化会给电网的正常运行带来问题。为了解决这个问题，采用了一种智能逆变器。逆变器的主要作用是通过输送有功功率将电源与电网连接起来。这个有功功率可以通过使用无功功率的逆变器来改变，这将调节使用可再生能源处的电压。智能逆变器还能够传递电网电压和频率的数据，并且通过适时更新和与操作者的互动，更有效地预测和避免断电（Kempener，2013）。这些逆变器用在了波多黎各（Puerto Rico），在那里他们控制有功功率和无功功率的能力对没有周围电网辅助的岛屿经济是很有价值的。这项技术是进一步加强电网的控制和确保电网更安全的步骤之一。

智能电网技术的第三个组成部分涉及运营电网的方式。配电自动化（DA）是指电网因可再生能源的可变性而对不同电力需求做出响应的能力。这也与光伏有关。当没有阳光照射时，用另一种能源替换光伏（PV）能量，配电自动化可以保持对电网的控制。这很像目前在用电高峰期使用天然气等资源来满足电力需求（Kempener，2013）。我们还可以看到，配电自动化的程度与需求响应的区域相关，或者与在用电高峰期电负载减少的方式相关。智能电网应用的两个领域涉及用户的消费水平及由此给智能电网带来的挑战。

迄今为止，所讨论的技术都在使用，在控制和运营电网方面显示了积极影响。更重要的是，随着可再生能源在分布式发电中所占份额越来越大，必须进行配电方法和控制方法的升级。当风能和太阳能等可再生能源超过 30%时，重要的是要有一个具有分时价格和良好通信的智能电网来管理运营（IRENA，2013）。配电自动化和需求响应（DR）是智能电网的特点，能够实现这些功能来管理电网。分时电价的目标之一就是使价格与实际运营成本完全一致（IRENA，2013）。

智能电网面临两个主要挑战。第一个是有些技术的成本较高。这种高成本主要是初始安装成本，而该投资获得收益是有可能的。然而，许多地方缺乏资金来支付较高的初始成本。目前仍在进行研究，以降低这部分成本，因为这将在智能电网建设中发挥重要作用。投资于智能电网技术的收益超过了大部分应用的成本（IRENA，2013）。对美国而言，为了降低电力公司的供电成本，增加智能电网技术的净收益为 200 亿～250 亿美元（IRENA，2013）。另一个挑战是确定智能电网所产生的新信息的所有权。对许多人来说，这些数据是非常有价值的，只有通过经验和政策制定才能出台新法规。在逐步推进可再生能源和智能电网的过程中，需要开展广泛的研究来应对面临的挑战。

## 6.4　电动汽车和太阳能充电站

电网一直在为我们的家庭和企业提供电力，而智能电网为我们提供了增加对电网认知的契机。虽然已经定义了智能电网技术，但是还要考虑其对可再生能源技术整合的影响。电动汽车是交通电气化的重大举措，对国家的经济和环境都会产生重大影响。太阳能充电站为那些拥有电动汽车和插电式混合动力电动汽车的人提供了一种简单的充电方法，也为人们购买这类汽车增加了动力，因为他们知道汽车充电可以像给传统内燃机加油一样容易。智能电网将会被不断改善。

电动汽车和插电式混合动力电动汽车在交通运输行业有很好的发展前景，特别是智能电网的兴起。控制发电和配电是智能电网的主要组成部分之一。电动汽车为智能电网提供了两个关键因素。第一个涉及道路上行驶的电动汽车数量。虽然与内燃机汽车相比，电动汽车的数量少得多，但是随着对绿色生态关注的增加和可持续发展技术的不断普及，电动汽车的数量仍在不断增加。目前的困难在于，随着电动汽车车队规模的增大，电力需求将显著增加。这成为智能电网主要考虑的因素，进而引入了电动汽车和电网的第二个需要考虑的重要问题：临时储能。正在开发的车联网技术，使电动汽车的电池临时储能也能向电网供电（Mwasilu 等，2014）。通过之前介绍的智能电网技术，人们可以在晚上给汽车电池充电，鼓励用户在用电高峰时段为电网供电。这些令人兴奋的好消息促使人们使用可并入电网的太阳能充电站（Mwasilu 等，2014）。

## 充电模式的变革：太阳能充电站

随着销售的电动汽车数量增加，面临的一个主要挑战是电力的来源。虽然汽车本身是绿色的和可持续的，但最终的电力供应可能不是如此。解决这一问题的一个办法就是使用来自太阳能充电站的可再生能量。在正常运行时，这些设施允许那些拥有电动汽车和插电式混合动力电动汽车的车主在单位或在商店给自己的汽车充电。这一点很重要，因为车辆接入电网充电的时间会延长。如前所述，在太阳能充电站，汽车也可以用于储能和供电。太阳能充电站的另一个好处是，在用电高峰期，太阳能发电可以直接供电给电网。智能电网技术的应用可以为运输业提供清洁能源的基础（U.S. Department of Energy，2014）。

已经为分时电价开发了先进计量技术，但这种技术还没有被广泛应用。先进计量允许电力公司监控所有小的单元，如分布式发电和用电的房屋。这些智能电表不只用于家庭。在太阳能充电站，可实现监测电流量达到统计或者向用户收取电费目的。目前，许多州的电力销售有限，但是随着智能测量技术的推广应用和政策的变化，将能为商业、竞争和向充电站提供财政支持的方法创造许多机会。

目前，电网无法随意存储电能，不同的研究人员正在着手解决这个问题。一个比较可行的解决方案是交通业电气化，因为在一天的任何地点和时间总有汽车接入电网。在这种情况下，如果需求足够大，无论是用电高峰时段还是短暂的停电，电网都可以从汽车电池中汲取能量。显然，车主不仅要知情，还要从他们的服务中获益。这个想法为电力公司带来了极大的灵活性。目前，发电机要连续不断地运行才能始终供电。问题是发电机在夜间不能为满足超低需求而发电，因为发电机不能低于最小发电量。所有不需要的电都浪费掉了。随着新的交通电气化浪潮，这种未使用的电就可以用来为电动汽车在夜间充电，而大多数车主可能会在夜间为他们的车辆充电。

同时为车队充电给电网带来了许多新的挑战。将汽车进行 2 级充电几乎相当于在电网上增加另一个家庭的用电量（Mwasilu 等，2014）。如果符合他们的利益，电动汽车的车主们不会回家时给车辆充电，因为此时是用电高峰期，也是电费最贵的时候（假设电网采用分时定价，价格会随着需求变化波动）。但是，理论上，如果每个人在用电高峰期间回家就给汽车充电，高峰用电量将急剧升高，并引起严重后果。例如，如果电力需求超过当时电网中发电机的发电量，公共事业公司就得考虑建设一个全新发电厂，以满足每天几个小时的峰值，最终在非峰需求时间产生更多的未用电能。随着电动汽车用量的增加，充电策略和智能电网可以防止这种情况的发生，类似的策略也可以适应正常的发展。

在接下来的想象实验中，假设所有汽车都是某种形式的电动汽车，即插电式混合动力电动汽车（PHEV）和纯电动汽车（BEV）。还假定人们已被说服在晚9点至早6点之间完成大部分充电。最后一个假设是所有的汽车搭载的电池数量不同，意味着不是所有的汽车电量都几乎耗尽。目标是能够每天到早6点给汽车充电。没有任何技术或结构差异，每个人都会在晚9点到晚11点之间上床睡觉前，给不同SOC的汽车充电。用电峰值迅速产生了，随着汽车充满电，用电量又缓慢降低。只需要充电不多的车辆很快就结束充电了，而电量几乎消耗殆尽的汽车则要用1级充电一整夜时间。据预测，有些家庭采用2级充电，有些采用1级充电。这有可能产生问题，但也提供更多可能的方法，避免了在早上所有汽车充电又产生新的用电高峰。

理想情况下，利用智能电网技术及电网管理员和用户之间的通信，每个人都可以在这种情况下获得他们想要的信息。这种情况下可以避免出现新的用电尖峰问题，夜间电价低一些，每个人都可以给自己的汽车充电，社会可以感受到获得交通电气化的好处。每辆汽车都可以插入充电器，但在接到智能电表或电网管理员发出充电指令之前，不一定开始充电。例如，充电时间不足一小时的汽车，可以排队充电。一辆车充电结束，下一辆充电开始。如果安排得当，这些车辆可以在早上结束充电，不会产生用电尖峰。尽管对不同充电级别、不同的地理位置及不同容量的电池需要充电百分比不同，进行优化非常复杂，但是这类管理可以扩展至更大规模。

电力公司必须协调智能充电计划，因为随着需求的波动和假定某些地区电动汽车用量的激增，电网很有可能过载。只有在用户提出汽车充电要求，且充电站具有与电网交互的技术能力时，才能在汽车实际充电参数设置范围内进行管理。这种要求也伴随着一种责任：车主期望在早上醒来时车已充满电了。因此，诸如此类的智能充电计划的成功率需要非常高，这样才不断有人参与进来，又不会出现用电尖峰。

车主可以为他们的汽车充电提出条件。例如，车主可以指定他们希望汽车至少充电至 75%，他们可以输入汽车可用于充电的时间范围，或者他们只想在电价低于某一价格时给汽车充电。这就灵活地满足了夜间充电的所有汽车。车主还会有额外的问题，如汽车使用频率在一周内是变化的，车主忘记给汽车充电了。通过数据记录和分析，每周、每月和每年的变化都是可以预测和调节的，但这又增加了充电的复杂性。

交通电气化的一个好处是电价是没有弹性的。也就是说，价格在相对较长的时间内是稳定不变的。具有分时电价的智能电网对电动汽车的车主和太阳能充电站的主人都是有利的。

## 6.5 总　　结

智能电网非常重要，因为它能够更好地将太阳能充电站的电力整合到电网中。智能电网允许电力公司利用分时电价在用电高峰时抑制电动汽车充电，并在电力充足时鼓励给电动汽车充电。分时电价使太阳能充电站更有价值，并且可以降低电价低时电动汽车车主的充电费用。由于智能电网能把更多的风能和太阳能纳入电网，并有更多的电动汽车可连接至电网，因此，在智能电网安装完成之后，温室气体的排放会大幅度减少。智能电网、可再生能源分布式发电和电动汽车是互利的。智能电网可以利用集成到系统中的电池储能，有效地管理大量可再生设备的发电和配电。因为电池输入或输出能量都伴随着能量损失，所以更有效的是让客户对分时电价做出反应并在发电时用电。

智能电网增强了实时信息交换和对电网的控制，使客户和系统运营商能够做出更优的决策。改进的传感和测量系统可以更快地响应，从而提高了系统的可操作性和可靠性。更好的决策支持系统和自动化控制可以提高效率并改善对电网的管理。利用分时电价和客户参与，用电峰值需求可以降低，用电可以转移到更符合再生能源所发的电。智能电网对电力公司是有利的，因为它更智能和更灵活、具有过载和自然影响的检测能力及自动响应能力。智能电网对用户也是有益的，因为用户受益于提高的效率、更高的可靠性及通过响应分时电价降低的用电成本。

## 参考文献

Burger, A. 2015. An Industry First, Distributed Energy Storage System Dispatches Electricity to California Grid. Renewable energy world.com.

Camacho, E. F., T. Samad, M. Garcia-Sanz, and I. Hiskens. 2011. Control for Renewable Energy and Smart Grids. IEEE. Control System Society; http://www.ieeecss.org.

IRENA. 2013. Smart Grids and Renewables, International Renewable Energy Agency, November, 2013; http://www.irena.org.

Kempener, R., P. Komor, and A. Hoke. 2013. Smart Grids and Renewables: A Guide for Effective Deployment. International Renewable Energy Agency.

Mwasilu, F., J. J. Justo, E. -K. Kim et al. 2014. Electric Vehicles and Smart Grid Interaction: A Review on Vehicle to Grid and Renewable Energy Sources Integration. Elsevier.

Office of Electricity Delivery and Energy Reliability. Smart Grid. 2015.

Speer, B., M. Miller, W. Schaffer et al. 2015. The Role of Smart Grids in Integrating Renewable Energy. National Renewable Energy Laboratory, NREL/TP-6AZ0-63919; http: //www.nrel.gov.

U. S. Department of Energy. 2014. Evaluating Electric Vehicle Charging Impacts and Customer Charging Behaviors—Experiences from Six Smart Grid Investment Grant Projects. Smartgrid.gov.

U. S. Department of Energy. 2015. The Smart Grid: An Introduction; energy.gov.

# 7

# 分布式可再生能源发电

Larry E.Erickson，Jackson Cutsor，Jessica Robinson

> "清洁能源"的挑战值得做出类似于"曼哈顿"计划或"阿波罗"登月计划的承诺。
>
> Martin Rees

# 7 分布式可再生能源发电

## 7.1 引　　言

分布式发电具有许多优点，包括（U.S. DOE，2007；Johansson 等，2012）：

① 提高电力系统的可靠性；

② 降低峰值功率要求；

③ 改善电能品质；

④ 减少土地使用的影响和获取路权的成本；

⑤ 提高基础设施的灵活性；

⑥ 降低传输要求和成本；

⑦ 在远程环境中采用低成本选项；

⑧ 分布式太阳能和风能发电的温室气体排放量很小。

由于经济状况的改善和减少温室气体排放的重要性，太阳能和风能发电的装机容量正在迅速增长。太阳能光伏（PV）在美国已经具有商业竞争力，据报道，在 2015 年前 9 个月就有 4.1 GW 的新太阳能设施部署（GTM，2015）。报告称，2014 年风力发电量增加了 4 854 MW（Wiser 和 Bollinger，2015）。由于电动汽车的电池可以在电价低时充电，因此，随着可再生发电量增加，电动汽车有助于调节供需平衡。对于电动汽车而言，可再生能源是重要的，因为电动汽车车主希望减少温室气体的排放。

在 2015 年前 9 个月，美国新发电量有 30% 来自太阳能设备（GTM，2015）。在德国，2015 年太阳能发电量约为 7%（Brown 等，2015）。在美国，风力发电占 2014 年新发电量的 24%（Wiser 和 Bollinger，2015）。截至 2014 年年底，美国的风力发电量约为 66 GW（Brown 等，2015；Wiser 和 Bollinger，2015）。2013 年 12 月，风力发电提供了丹麦 62% 的电能和爱尔兰 28% 的电能（Brown 等，2015）。德国计划到 2050 年 80% 的电能来自可再生能源，主要是风能和太阳能。

本章的重点将是太阳能光伏、风能和电池储能。这些专题很重要，也与促进交通电气化所需的基础设施有关。太阳能光伏的选择之一是停车场中的太阳能充电站（SPCS）。

## 7.2 太阳能光伏（PV）

太阳能电池（PV）和薄膜获得太阳能并转换成电能。许多家庭和商业机构的屋顶都加装了太阳能电池板。许多停车场建有太阳能发电站，其他场所也建有太阳能光伏设施，但不是充电站。大多数情况下，太阳能充电站会接入电网。

### 7.2.1 基本原理

当太阳能光伏电池吸收光或光子时，将产生直流电，太阳能电池板中的电子因吸收光子而受激发转入导电区中。当太阳辐射至太阳能电池板上时，太阳能电池板就产生电压和电流。光子有许多能级，与构成太阳光谱的不同波长的光有关。太阳能电池板的设计目的是将部分光能转换为电能。太阳能电池板中的半导体有一个能量阈值，高于该能量阈值可以吸收光子并产生电。比能量阈值更低、波长更长的光子不会产生任何电。太阳能电池板的设计包括具有内置电场的半导体结（Johansson 等，2012）。

太阳光的最大强度约为 $1\ kW/m^2$。太阳能光伏的效率定义为太阳能电池板的最大输出功率除以输入功率（光）。目前商用太阳能电池板的效率为10%～20%（Eco Experts，2015）。目前正在努力提高光电转换效率，降低太阳能电池板的价格。SolarCity 计划开始生产一种新的太阳能电池板，效率约为22%，松下（Panasonic）公司报告称，他们批量生产的商用尺寸原型太阳能电池板的效率为22.5%（Hanley，2015；Wesoff，2015）。SolarCity 太阳能电池板的目标成本为 0.55 美元/W。在采购太阳能电池板时，要考虑成本和效率。

太阳能电池板产生的电能是直流电（DC），并且在许多情况下，用逆变器将其转换为频率为 60 Hz 的交流电（AC），这样就可以接入电网或给电动汽车充电。由于逆变器效率只有95%～98%，因此进入电网的电能比太阳能电池板产生的电能少。

太阳能光伏系统的性能比（PR）定义为交流系统效率除以标准测试条件（STC）的模块效率（Johansson 等，2012）。PR 值一般为 0.70～0.85（PR 值通常确定一年），原因如下：

① 光强度、光谱和入射角均与标准条件有偏差；

② 模块不匹配，电缆及变频器损耗；

③ 电池性能受工作温度影响；

④ 太阳能电池板表面有碎屑和灰尘。

虽然灰尘和碎屑会降低太阳能电池板的性能，但是降雨自然洗涤是去除灰尘和碎屑的常用方法。在大多数情况下，清洗太阳能电池板的劳动成本超过所输出电能的价值。

利用太阳能发电的容量因子（CF）定义为 $CF=(N\times PR)/8760$，其中 8760 是一年的小时数，$N$ 等于一年中估计的全日照时数，即以 kWh/a（a 表示年）的每年的日照量除以同一地区的全日照强度。面积通常假定为 $1\ m^2$。无太阳跟踪系统时，CF 值的全球值范围为 0.08～0.21（Johansson 等，2012）。

分布式太阳能的优点之一是减小对配电网的影响。有太阳能电池板的房主，从发电到接入电网会有距离。如果太阳能发电站里有电池充电的电动汽车时，发电和用电大部分可在同一地点进行。当太阳能电池板的容量大约等于当地需要的电能时，这些利益是最大的。

## 7.2.2 太阳能发电的经济学

GTM（2015）报告称，新安装的太阳能光伏系统的平均价格为住宅屋顶 3.55 美元/W，非住宅屋顶 2.07 美元/W，实用固定斜面 1.38 美元/W。这些价格是基于铭牌估计的，以瓦特为单位的直流功率。这些价格取决于接入电网的成本、当地劳动力成本和许可成本。每瓦特额定容量一年的发电量为 $N\times PR$。对于堪萨斯州（Kansas）的曼哈顿（Manhattan），$N$ 值为 $4.57\times 365=1668$，PR 值为 0.80，则每年每瓦特产生的能量为 $1668\times 0.8=1334$（Wh）。对于 30 年的太阳能电池板寿命和 1.38 美元/W 的成本，仅考虑安装成本时，平均成本是 0.035 美元/kWh。

## 7.3 风　　能

风能正在以商业规模在许多地方被利用，这些地方应具备单台风力涡轮机直径为 60～125 m，功率为 1.5～5.0 MW。拥有 50～200 台涡轮机和 25～800 MW 发电能力的风电场散布在世界各地。丹麦是欧洲的主要国家之一；中国已经建设了许多风电场，并且是亚洲风能领域的领导者。陆路运输大型叶片、塔架和机舱限制了陆地上的风力设备的尺寸。架设和安装部件的起重机成本与方便程度也是重要的限制因素。在地表以上高海拔处的风为 50～120 m 高的塔架提供了动力（Brown 等，2015；Johansson 等，2102）。随着风力发电机的尺寸和容量的增大，单位功率的发电成本已经下降了。

风力涡轮机产生机械能，并驱动将机械能转换为直流电的发电机，直流电由逆变器转换为交流电。电流通过输电线输送到变电站，进而与当地电网衔接。配电线将电力从变电站输送至用电的地方。新的风电场建设受到传输能力不足的限制。

在过去的 10 年里，海上风力涡轮机技术已有长足的进步，在丹麦、英国和中国都有安装（Brown 等，2015）。在浅水区，陆基涡轮机设计已经进行了修改，以解决腐蚀和波浪力的问题。基础设计包括单桩、多桩和重力基座；重力基座填充压舱物，并在现场仔细放置（Johansson 等，2012）。

Brown 等（2015）表示，美国东海岸的浅海沿岸地区可能产生有 530 000 MW 的风力发电能力。这有可能成为东海岸电力的主要来源。

## 7.4 储　　能

多年来，电池储能已经成为电气系统的一个重要部分，特别是在未与大型中央电网相连的小系统和微电网中。随着风力和太阳能发电量的增长，电池储能变得越来越重要（Johansson 等，2012）。电池成本的下降使电池储能成为一个更重要的选择（Nykvist 和 Nilsson，2015）。借助风力和太阳能发电，固定电池储能和电动汽车的储能都可以提高电网的稳定性和适应性。电池储能的成本与备用天然气发电的成本相当。当风能和太阳能增长到可提供超过50%发电量时，二者都可能具有商业价值。

固定储能用的电池在重量和体积方面的限制不同于运输用的电池。多年来，铅酸电池已经用于固定储能（Irena，2015）。电动汽车用的电池在容量衰减之后，用于固定储能的概念已经在考虑范围之内了，只是电池的可利用性有限。

实时电价很重要，因为可以在供过于求时将能量储存在电池中，以及当需求较大时，使用电池所储存的能量。电动汽车车主可以在电价低时为汽车充电，而在电价最高的用电高峰时不充电，这对电力公司也是有益的。与电动汽车中的电池储能相关的电力公司没有任何成本。

使用电动汽车来辅助智能电网平衡电力供需的一个重要方面在于，电网的交流电变换成直流电存储到电池里，才能驱动电动汽车。尽管电池储能相对高效，但是电网的交流电转换为电池中的化学能时，仍然会有一些能量损失。当存储的能量回送到交流电网时，也会有一些能量损失。从交流电网到电池储能，再从电池回送电网，整个效率是90%。当电池储能与鼓励用户用电方式以平衡供需的实时电价相比较时，很明显，当用户的使用时间变化时，会有更多的能量送至用户。随着太阳能和风力发电在发电中占比的增长，具有实时电价的智能电网会越来越重要。

## 7.5　总　　结

由于效率和经济性的提高，新安装的风力和太阳能发电设施正在显著增加。向可再生能源发电转型已经取得很大的进步，并且会继续加速。两个相关的优点在于温室气体排放的减少和空气质量更好。

由于电池储能成本降低，在有太阳能充电站的停车场和其他位置（如拥有太阳能电池板的家庭），储能电池的市场正在快速增长。因为电动汽车的电池可以在电力充足时充电，所以电动汽车提供的可再生能源管理有很大的价值。

## 参考文献

Brown, L. R., J. Larsen, J. M. Roney, and E. A. Adams. 2015. The Great Transition, W. W. Norton, New York.

Eco Experts. 2015. Which solar panels are most efficient, The Eco Experts, London; http://www.theecoexpefts.co.uk /.

GTM. 2015. U. S. Solar Market Insight Report, Q3, Executive Summary, GTM Research, 2015; http://www.greentechmedia.com/.

Hanley, S. 2015. Panasonic quickly beats SolarCity's solar module efficiency record, Clean Technica, October 9, 2015; http://www.cleantechnica.com/.

IRENA. 2015. Battery storage for renewables: Market status and technology outlook, International Renewable Energy Agency; http://www.irena.org/.

Johansson, T. B., A. Patwardhan, N. Nakicenovic, and L. Gomez-Echeverri, Eds. 2012. Global Energy Assessment, Cambridge University Press.

Nykvist, B. and M. Nilsson, 2015. Rapidly falling costs for battery packs for electric vehicles, Nature Climate Change 5:329–332.

U S. DOE. 2007. The potential benefits of distributed generation and rate-related issues that may impede their expansion, U. S. Department of Energy, February, 2007; http://www.doe.gov/.

Wesoff, E. 2015. World's most efficient rooftop solar panel revisited, Greentech Media, October 13, 2015; http://www.greentechmedia.com/.

Wiser, R. and M. Bollinger. 2015. 2014 wind technologies market report, U. S. Department of Energy; http://www.osti.gov/bridge/.

# 8 城市空气质量

Andrey Znamensky,
Ronaldo Maghirang, Larry
E. Erickson

> 水和空气是所有生命赖以生存的两种基本流体,已经成为全球的垃圾桶。
>
> Jacques-Yves Cousteau

# 8 城市空气质量

## 8.1 背　　景

空气污染是指在大气中存在的能对人类、动物、植物和物质造成一些有害影响的颗粒物或气体。科学数据揭示了污染源、暴露度和健康风险之间的联系（Lim 等，2012）。因空气污染暴露（室内和室外）造成的过早死亡，目前估计每年全球约有 700 万人，占全球每年死亡总数的 12%（estimates from the World Health Organization [WHO]，2014）。2012 年环境（室外）空气污染导致的死亡估计数是 370 万人（WHO，2015a）。在美国，2000 年有 12 000～43 000 人因为空气质量问题过早死亡，其中空气质量问题的大部分来源与乘用车有关（由此导致的死亡人数为 3 900～12 000 人）（Wadud 和 Waltz，2011）。绝大多数与心血管相关的中风、缺血性心脏病、癌症，以及急性呼吸道感染和慢性阻塞性肺疾病（COPD）与空气污染有关。数百万人不能去工作和上学也是严重的空气污染造成的（USEPA，2015a）。

历史趋势和问题领域已确定，必将实施解决空气污染问题的监管标准。基于这些趋势，以及 1963 年美国国会通过的《清洁空气法案》，几十年来已经表明，该国在减少污染排放和由此造成的死亡的同时，经济福利及增长可以得到改善。在过去 30 年，美国的国内生产总值增长 145%，而标准污染物（即颗粒物、地面臭氧、一氧化碳、硫氧化物、氮氧化物和铅）总排放量减少了 62%（USEPA，2015b）。

尽管实施了越来越严格的法规和减排方面的技术创新，但仍亟需可持续的解决方案。轻型机动车辆是污染源之一。根据美国环境保护署（EPA）的统计，在美国，汽车产生了近一半的烟雾所致挥发性有机化合物（VOC）、多一半的氮氧化物（$NO_x$）、约一半的有毒空气污染物（USEPA，2008）。此外，交通运输领域排放约占温室气体排放量的 28%（Erickson 等，2015）。

城区车辆造成的污染问题尤其严重，因为这些地区的污染物浓度可以达到危险水平，所以特别需要找到传统交通的替代方案。电动汽车（EV）是一个越来越有前景的解决方案，特别是当使用包括太阳能和风能在内的可再生能源发电时更是如此。电动汽车会带来各种环境效益、社会效益和经济效益。

# 充电模式的变革：太阳能充电站

没什么比空气污染对人类健康的影响更大，通力合作实现交通电气化，就有可能改善环境空气质量和减少温室气体排放。

## 8.2 环境空气质量标准和法规

为了解决空气污染问题，美国联邦政府颁布几项主要法案，包括 1955 年的《空气污染控制法案》、1963 年的《清洁空气法案》、1965 年的《机动车空气污染控制法》、1967 年的《空气质量法》、1970 年的《清洁空气法案修正案》、1977 年的《清洁空气法修正案》和 1990 年的《清洁空气法修正案》。1955 年的《空气污染控制法》，是联邦政府第一次下大力气解决空气污染问题，为联邦研究和培训提供了资金。这些努力通过一系列的联邦立法得到进一步加强，其中包括 1963 年的《清洁空气法案》，该法案建立了处理州际空气污染问题的联邦权力机构，以及 1970 年的《清洁空气法修正案》，这是空气污染治理方面的一个标志性事件。1970 年的《清洁空气法修正案》确立了新的标准，包括国家环境空气质量标准（NAAQS）、新污染源性能标准（NSPS）、汽车排放标准、机动车排放检测和维修制度。1970 年的另一件里程碑式的事件是美国环境保护署（USEPA）的创立。它们共同建立了美国空气质量管理体系的基本框架。该框架通过 1977 年和 1990 年的《清洁空气法修正案》进一步发展。其已经实施了各种制度，包括空气质量和排放保护、臭氧保护、防止空气质量恶化及未达标地区的鉴别。

这些排放物控制的立法要求所有机动车辆，包括传统的汽车、摩托车和飞机，都要遵守这些标准，否则会面临罚款的处罚。进一步的修正案对工业排放进行了约束，如燃煤发电厂，需要更严格的监测措施，对于违反新标准的设施，要么减少排放，要么关闭。

除了对工业排放的直接控制外，美国环境保护署还要求美国城市地区的污染物不能超过某些整体水平，这些污染物水平被称为国家环境空气质量标准（NAAQS，2012）。标准规定了 6 种污染物在给定的监测时间跨度内特定区域内的最大浓度（见表 8.1）。在 6 种污染物中，与机动车有关的二氧化氮（$NO_2$）、二氧化硫（$SO_2$）、臭氧（$O_3$），以及粒径小于 2.5 μm 的物质（PM2.5）

对空气质量影响最大。目前的车辆排放水平及使用无铅燃料，使得城市空气中 CO 和铅对健康影响不大。这些污染物的影响范围从健康损害，特别是敏感群体，到能见度下降，以至于对动物、农作物、植被和建筑物造成破坏。世界卫生组织（WHO）的指南见表 8.1。

表 8.1 世界卫生组织（WHO）空气质量指南和美国国家环境空气质量标准（NAAQS）

| 污染物 | $NO_2$/ppm | $SO_2$/ppb | $O_3$/ppb | PM2.5/($\mu g \cdot m^{-3}$) |
|---|---|---|---|---|
| WHO | 0.021（年平均） | 7.6（24 h 平均） | 51（8 h 平均） | 10（年平均） |
|  | 0.106（1 h 平均） | 191（10 h 平均） |  | 25（24 h 平均） |
| NAAQS | 0.10（1 h 平均） | 75（1 h 平均） | 70（8 h 平均） | 12（年平均） |
|  |  |  |  | 35（24 h 平均） |

来源：WHO. 2015a. Ambient （Outdoor）Air Quality and Health, Fact Sheet No. 313；http://www.who.int/mediacentre/factsheets/fs313/en/; USEPA. 2015c. National Ambient Air Quality Standards （NAAQS）；http://www3.epa.gov/ttn/naaqs/criteria.html; USEPA. 2015d. National Ambient Air Quality Standards for Ozone；http://www3.epa.gov/airquality/ozonepollution/actions.html.

注：NAQQS 除了此处列出的值外，还有关于 CO、铅和 PM10 的数据。

在人口稠密的城市地区，空气污染是一个大问题，柴油机汽车数量及标准执行不力是空气污染和健康问题的主要诱因。需要特别关注的是发展中国家的情况，那里的汽车尾气排放、燃油质量、减排技术的标准都不严格或执行力不足。发展中国家缺乏执法力度可能是由于教育、资源匮乏或者缺乏强化现行法规的政治权力（Apte 等，2015）。

通过降低空气污染水平，各国可以减少多种疾病的负担，包括中风、心脏病、肺癌及包括哮喘在内的慢性和急性呼吸道疾病。在印度德里和埃及的开罗等城市，每年有成千上万的人死于与空气污染相关的疾病。然而，空气质量差是一个影响发达国家和发展中国家环境城市人口的健康的全球性问题。特别是在美国的加利福尼亚州，有 7 个全国污染最严重的城市，还有最严格的空气质量法规（American Lung Association，2015）。

据了解，车辆的排放大大增加了周围空气污染物的浓度，而这些空气质量标准和法规已经大幅度地减少了污染物的排放，提高了环境空气质量。由于出台了与零排放的纯电动汽车相关的立法和激励措施，加利福尼亚州的空气质量在过去十年已有所改善。加利福尼亚州是一个因努力减少机动车辆的排放而取得重大进步的州。已经采取的改善空气质量激励措施有很多，如对电动汽车实行税收优惠、电动汽车共乘车道引入使用时间费率，并为购买电动汽车发放额外的税收抵免等。

## 8.3 国家空气质量趋势

为了在太阳能充电站和电动汽车有关的研究与教育方面形成共识，重要的是认识到各种污染物浓度随时间的变化规律和来源。

污染源包括一次污染物，如机动车辆的排放物、扬尘、商业产品生产过程的污染物、农业生产过程的污染物及来自工业过程和燃煤电厂的排放。表 8.1 的标准污染物中，传统汽车历来是重要的污染来源。内燃机（ICE）汽车所有的排放都属于一次空气污染物，很大程度上会促使臭氧的形成。例如，根据表 8.2 显示的 $NO_x$ 排放源比例，大多数来自机动车辆（USEPA，2015e）。有些来自主要机动车辆的挥发性化合物，如 $NO_x$ 和 VOC，可以在大气中，在光和热的作用下发生反应，形成二次污染物，如地面臭氧。臭氧除了导致气候变化外，还会危害人类健康，刺激呼吸系统和降低肺功能。地面臭氧主要存在于城市环境中，每年地面臭氧在欧洲会造成约 22 000 人死亡（WHO，2008）。

表 8.2　2011 年美国按来源部门分列的氮氧化物排放量百分比　　　　　%

| 来　　源 | 百分比 |
| --- | --- |
| 机动车辆 | 57.9 |
| 燃料的燃烧 | 23.9 |
| 工业过程 | 8.46 |
| 生物源 | 6.60 |
| 火灾 | 2.56 |
| 溶剂 | 0.02 |
| 其他 | 0.56 |

来源：USEPA.2015e. Air Emission Sources；http://www.epa.gov/air/emissions/index.htm.

在过去的 30 年中，美国各地标准污染物的排放已有所下降，这主要是由于催化转换器等技术的重大进步，以及为推广催化转换器采取的各种激励措施（例如前面提到的监管政策和严格的燃料标准）。然而，由于不断增长的世界人口和全球经济的发展，传统汽车销售和行驶里程继续增加。据世界卫生组织（WHO）估计，全世界每年有 370 万人死于与机动车辆和工业排放有关的中风、肺癌和缺血性心脏病，占全世界死亡人数的近 6%（WHO，2014，2015a）。

像挪威等拥有电动汽车市场份额较高的国家，在降低大气中的污染物浓度方面同时取得了进步。2015 年，电动汽车（插电式混合动力电动汽车、纯电动汽车）只占美国汽车市场总量的 1%。电动汽车的市场占有率这么低，在城区尤其成问题，因为无论是当地的地理、气象条件，还是风力模式，都容易导致污染物积聚到越来越危险的浓度。

## 8.4 电动汽车和太阳能充电站对环境和经济的影响

在世界各地，主要城市地区已经挤满了内燃机汽车，造成了严重的空气质量问题。近年已经在努力地研究减少汽车排放物及其后续影响的各种方案（Soret 等，2014）。交通电气化是改善城市空气质量的最有前景的战略之一，如果能与可再生的电能相结合就更好了。交通电气化能够影响社会、经济、环境三方面（Erickson 等，2015）。电动汽车的应用可以大幅度减少温室气体的排放，改善区域空气质量，提高能源安全，还可以利用廉价的太阳能（Erickson 等；2015；Nichols 等，2015）。自 1970 年的《清洁空气法案修正案》通过的四十多年来，证明了经济和福利增长的同时，污染物的排放是可以减少的。面临更加严重空气质量问题的国家，公共卫生和福利更是受到很大的影响。据估计，死于肺癌的人大约为 17 200 人，其中每 10 000 人中有约 689 人是因职业终身暴露在碳浓度分别为 1 $\mu g \cdot cm^{-3}$、10 $\mu g \cdot cm^{-3}$、25 $\mu g \cdot cm^{-3}$ 的环境中，碳元素也出现在柴油机排放中（Vermeulen 等，2014）。

向电动汽车和太阳能充电站转型，具有改善空气质量和减少因机动车辆产生的空气污染而造成的过早死亡人数的潜力。Caiazzo 等（2013）报告说，

## 充电模式的变革：太阳能充电站

美国每年约有 53 000 人死于道路运输的颗粒物，约有 5 300 人死于臭氧。此外，他们还发现，因为美国以石油和燃煤发电，大约有 52 000 人死于颗粒物，1 700 人死于臭氧。

在全球范围内，Lelieveld 等（2015）估计每年有 330 万人的死亡与空气质量有关（主要是由于颗粒物和臭氧）。在全球范围内，这些死亡人数的 5% 是因为陆路运输污染物（165 000）。这 5%的数值小于 Caiazzo 等（2013）、经济发展组织（2014）及世界卫生组织（2015b）报道的数字。Lelieveld 等（2015）认为，发电成为继农业和自然资源之后的第三大空气污染源。

从更大的意义上说，所有车辆都会排放标准污染物和温室气体。从油井到车轮的排放会产生所有的空气污染物，产生在所有的燃油生产、加工、配送、使用过程中。表 8.3 基于美国普通发电来源（如煤、气、原子能等），比较了传统汽车与电动汽车行驶 100 mile 时的排放。传统的燃气汽车排放物来自燃料的提取、精炼、配送和使用。尽管纯电动汽车不产生尾气排放，但是用来给电池充电的电可能产生排放。如果用于纯电动汽车电池充电的电能来自无污染的可再生能源，如风能或太阳能，那么车辆的行驶可实现零排放。

表 8.3　行驶 100 mile 时从油井到车轮的温室气体排放

| 车（紧凑型轿车） | 估计温室气体排放/（当量 $CO_2 \cdot lb^{-1}$） |
| --- | --- |
| 纯电动汽车 | 54 |
| 插入式混合动力电动汽车 | 61 |
| 混合动力电动汽车 | 51 |
| 常规汽油车 | 99 |

来源：U.S.Department of Energy. 2015. Emissions from hybrid and plug-in electric vehicles. Alternative Fuels Data Center. http://www.afdc.energy.gov.

需要继续减少与交通和发电有关的排放。有证据表明，减排是有经济利益的。在美国，仅就人们健康的空气质量改善，潜在价值就达到每年 370 亿～900 亿美元（USEPA，2015e）。据估计，在中国与空气污染相关的健康总花费占中国的国内生产总值的 1.2%～3.3%（Kan 等，2009）。燃煤电厂和交通是中国空气污染物的主要来源。因此，太阳能充电站和电动汽车有可能显著地改善中国的空气质量。在中国，安装太阳能充电站取得了进展（Ho，2015）。在替代能源方面，特别是使用太阳能充电站方面，太阳能价格在降低，而过去50年中，汽油价格一直在上涨。据估计，仅在2005—2007年之间，仅在加利福尼亚州污染相关的医疗健康支出就有1.88亿美元，包括医疗保险、医疗卡（俗称白卡，译者注）和私人保险（Romley等，2010）。此外，数百万人因为污染程度无法承受而不能去工作和上学。

经济合作与发展组织（OECD，2014）估计，经合组织国家每年源自公路运输的空气污染支出达8 500亿美元。世界卫生组织的一份报告（WHO，2015b）估计，欧洲国家每年的空气污染支出为1.6万亿美元，其中的约50%源于交通运输。中国和印度不包括在上述估计中，经济合作与发展组织的报告估计，中国每年支出1.7万亿美元、印度每年支出5 000亿美元用于空气污染成本。公路运输占上述支出的比例很高，但这些国家的比例可能不到50%（OECD，2014）。

经常被忽视的是较远的外部支出，如在确保国外石油安全时的军方费用、催化转化器成本、柴油中脱硫的成本等方面。然而，这些也是真正的支出，不使用传统内燃机汽车可减少这些支出。

当用天然气或可再生能源（如风能、水能和太阳能）而不是煤供电时，电动汽车可以减少城市地区的氮氧化物、PM10、挥发性有机物和一氧化碳，以达到世界卫生组织的标准（Tessum等，2014；Nichols等，2015）。与传统汽车不同的是，电动汽车生命周期内大部分排放发生在远离城市的制造业，而不在使用地（即在道路上），这样对城市地区环境更好（Tessum等，2014；Nichols等，2015）。电动汽车制造对环境的影响同样可以通过使用风能和/或太阳能发电来减轻（Tessum等，2014）。

城市环境中的空气质量影响着居住在大城市中心及附近地区人们的生活质量。减少或消除和机动车辆及燃煤电厂有关的空气污染物具有重要价值。大量建设太阳能充电站和交通电气化，有可能改善空气质量，进而影响生活质量。Soret等（2014）报告了在西班牙的巴塞罗那和马德里交通电气化后估计的空气质量改善情况。

目前，在美国，电动汽车和插电式混合动力电动汽车有7 500美元的联邦退税，建设2级充电站的成本降低了，还有许多州特有其他的激励措施。直接的好处包括节约能源成本：传统轻型汽车的能源成本达每年1 955美元，混

## 充电模式的变革：太阳能充电站

合动力电动汽车只有每年 1 004 美元，而纯电动汽车是每年 370 美元（Erickson 等，2015）。随着前景较好的电池技术的出现，电池的价格正在下降，增加了广泛使用电动汽车的可行性（Nykvist 和 Nilsson，2015）。

尤其是加利福尼亚州，正在大力通过鼓励使用电动汽车和太阳能来改善空气质量。电动汽车在购买、使用及法规控制等方面都有激励措施，也有管控措施。对于雪佛兰 Volt 和许多插电式混合动力电动汽车，加利福尼亚清洁汽车的折扣为 1 500 美元，对福特 Focus 和其他电动汽车的折扣为 2 500 美元（CVRP，2015；Drive Clean，2015）。2014 年，加利福尼亚州新车销售量的约 10% 是电动汽车（EV News，2014）。加州也对汽车经销商有零排放的授权：增加用电驱动零排放的电动汽车销售比例。这项授权到 2025 车型年需要 270 000 辆电动汽车（CEPA，2015；O'Dell，2015）。这项授权开始于 2018 年，比例逐年增长，直到 2025 年止（CEPA，2015）。

在加利福尼亚和其他地区，有很多与电动汽车及太阳能充电站有关的激励措施，其中许多措施是力图改善空气质量的。加利福尼亚和其他一些州都有用太阳能电池发电的州一级激励措施（CPUC，2015；DSIRE，2015）。此外，还鼓励安装电动汽车供电设备为电动汽车充电（AFDC，2015；Berman，2015）。重要的是得有一个基础设施，让电动汽车车主充电方便。在科罗拉多州，有购买电动汽车的激励措施，不需要检测排放。丹佛地区空气质量的改善，是用太阳能充电的电动汽车替换汽油汽车或柴油车实现的。科罗拉多州有低排放汽车销售税豁免（Colorado，2015），并且科罗拉多州的几个城市都有太阳能充电站。明尼苏达州有一个零排放充电挑战（ZECC）计划，鼓励使用风能和太阳能发电为电动汽车充电（Drive Electric Minnesota，2015）。明尼苏达州的许多地方都有太阳能充电站，其中大多数都是在圣保罗和明尼阿波利斯的都会区（Drive Electric Minnesota，2015）。在明尼苏达州的美国肺脏协会是电驱动明尼苏达的合作伙伴之一。

太阳能充电站的电能比燃煤发电干净得多，其减少的与煤炭有关的污染所带来的利益巨大（USEPA，2011）。包括日本、法国、挪威、荷兰和中国在内的许多国家，都已经制定了类似于美国和美国个别州的激励政策（NRC，2015），激励政策包括免税或退税、免税或降低注册登记费，以及减少道路税或通行费等。

## 8.5 总　　结

空气污染会继续对人类健康和福祉构成威胁，导致越来越严格的法规的颁布。实施空气质量法规的利益远大于所付出的代价（USEPA，2015a）。这些法规已经减少了主要污染物排放量，改善了环境空气质量。然而，需要有更可持续的解决办法，包括交通电气化。随着电动汽车的使用，城市地区的空气质量会持续改善，因为电动汽车的排放比传统汽车显著降低，特别是由太阳能发电时更是如此。这一改进还将减少因空气污染造成的死亡率和健康问题，因为空气污染还将继续影响城市环境。更多的电动汽车使用量将有助于城市地区环境空气质量满足国家环境空气质量标准，包括一氧化碳、二氧化氮、臭氧、PM2.5、温室气体。如果所有交通工具都使用风能和太阳能发电驱动的电动汽车，那么城市的生活质量会显著改善。

### 参考文献

AFDC. 2015. Alternative Fuels Data Center. U. S. Department of Energy; http://www.afde.energy.gov.

American Lung Association. 2015. State of the Air Report; http://www.stateoftheair.org/.

Apte, J. S., J. D. Marshall, A. J. Cohen, and M. Brauer. 2015. Addressing global mortality from ambient PM2. 5. Environ. Sci. Technol. 49:8057–8066.

Berman, B. 2015. Incentives for plug-in hybrids and electric cars, plug-in cars; http://www.plugincars.com/federal-and-local-incentives-plug-hybrids-and-electric-cars.html.

Caiazzo, F., A. Ashok, I. A. Waitz, S. H. L. Yim, and S. R. H. Barrett. 2013. Air pollution and early deaths in the United States, Part I: Quantifying the impact of major sectors in 2005. Atmospheric Environment 79:198–208.

California. 2014. California vehicle grid integration(VGI) roadmap:Enabling vehicle based grid services; http://www.caiso.com/.

CEPA. 2015. Zero-emission vehicle legal and regulatory activities and background, CEPA Air Resources Board; http://www.arb.ca.gov/msprog/zevregg/zevregs.htm.

Colorado. 2015. Green driver state incentives in Colorado; http://www.dmv.org/co-colorado/green-driver-state-incentives.php.

CPUC. 2015. About the Califormia solar initiative, California Public Utlities Commission; http://www.cpuc.ca.gov/puc/energy/solar/aboutsolar.htm.

CVRP. 2015. CVRP Final Report 2013–2014, Clean Vehicle Rebate Project, California Air Resoures Board; https://cleanvehiclerebate.org/eng/content/cvrp-final-report-2013–2014.

Drive Clean. 2015. Drive Clean, Plug-In Electric Vehicle Resource Center, 2015; http://driveclean.ca.gov/pev/costs/vehicles.php.

Drive Electric Minnesota. 2015. Drive Electric Minnesota; http://www.driveelectricmn.org.

DSIRE. 2015. Database of state incentives for renewables and efficiency, N. C. Clean Energy Technology Center, North Carolina State University; http://www.dsireusa.org.

Erickson, L. E, A. Burkey, K. G. Morrissey et al. 2015. Social, economic, technological, and environmental impacts of the development and implementation of solar-powered charge stations. Eivironmental Progress & Sustainable Energy. doi10.1002/ep.

EV News. 2014. Electric vehicle news for November 27, 2014; http://www.electric vehicenews.com/.

Ho, V. 2015. China starts building its largest electric car solar charging complex Mashable; http://mashable.com/2015/10/21/China-electric-car/.

Kan, H., B. Chen, and C. Hong. 2009. Health impact of outdoor air pollution in China:Current knowledge and future research needs. Environmiental Health Perspectives 117: A187.

Lelieveld, J., J. S. Evans, M. Fnais, D. Giannadaki, and A. Pozzar. 2015. The contribution of outdoor air pollution sources to premature mortality on a global scale. Nature 525:367 – 371.

Lim, S., J. Vos, A. D. Flaxmon et al. 2012. A comparative risk assessment of burden of disease and injury attributable to 67 risk factors and risk factor clusters in 21 regions, 1990 – 2010:A systematic analysis for the Global Burden of Disease Study 2010. The Lancet, 380:2224 – 2260.

Lurmann, F., E. Avol, and F. Gilliland, 2015. Emissions reduction policies and recent trends in Southern California's ambient air quality. Journal of the Air & Waste Management Association, 65(3): 324 – 335.

NAAQS. 2012. http://www.plantservices.com/articles/2012/09-strategies-prepare-naaqs-revisions/.

Nichols, B. G., K. M. Kockelman, and M. Reiter. 2015. Air quality impacts of electric vehicle adoption in Texas. Transportation Research Part D:Transport and Environmient, 208 – 218.

Norway. 2012. Norway EVs and Clean Air European Association for Battery, Hybrid and Fuel Cell Electric Vehicles. AVERE. 2012 – 09 – 03. Norwegian Parliament extends electric car initiatives until 2018.

Norway, 2014. Air Pollution Fact Sheet, 2014, Norway. European Environment Agency; http://www.eea.europa.eu/themes/air/air-pollution-country-fact-sheets-2014.

NRC. 2015. Overcoming Barriers to Deployment of Plug-In Electric Vehicles. National Academies Press, Washington, DC.

Nykvist, B. and M. Nilsson, 2015. Rapidly falling costs of battery pack for electric vehicles, Nature Climate Change 5: 329 – 332.

O'Dell, J. 2015. Will California's zero-emission mandate alter the car landscape? Edmonds, May 27, 2015; http://www.edmonds.com/fue/-economy/will-californias-zero-emissions-mandate-alter-the-car-landscape?/.

OECD. 2014. The cost of air pollution:Health impacts of road transport, organization for economic cooperation and development report, OECD Publishing, doi: 10. 1787/9789264210448-en; http://www.oecd.org.

Romley, J. A., A. Hackbarth, and D. P. Goldman. 2010. The impact of air quality on hospital spending. RAND Corporation, Santa Monica, CA; http://www.rand.org/pubs/technical_reports/TR777.

Soret, A., M. Guevara, and J. M. Baldasano. 2014. The potential impacts of electric vehicles on air quality in the urban areas of Barcelona and Madrid (Spain), Atmospheric Environment, 99:51–63.

Tessum, C. W., J. D. Hill, and J. D. Marshalla. 2014. Life cycle air quality impacts of conventional and alternative light-duty transportation in the United States. PNAS. 111:18490–18495.

U. S. Department of Energy. 2015. Emissions from hybrid and plug-in electric vehicles.

USEPA. 2008. Plain English guide to the Clean Air Act: Cars, Trucks, buses, and "nonroad" equipment. Aug. 29, 2008. http://www.epa.gov/air/caa/peg/carstrucks.html.

USEPA. 2011. Benefits and Costs of Cleaning Up Toxic Air Pollution from Power Plants. EPA Fact Sheet; http://www3.epa.gov/mats/pdfs/20111221MATSimpactsfs.pdf.

USEPA. 2015a. Progress Cleaning the Air and Improving People's Health. EPA. http://www.epa.gov/air/caa/progress.html.

USEPA. 2015b. Air Quality Trends. EPA. http://www.epa.gov/airtrends/aqtrends.html#comparison.

USEPA. 2015c. National Ambient Air Quality Standards (NAAQS); http://www.epa.gov/ttn/naaqs/criteria.html.

USEPA. 2015d. National Ambient Air Quality Standards for Ozone; http://www.epa.gov/airquality/ozonepollution/actions.html.

USEPA. 2015e. Air Emission Sources; http://www.epa.gov/air/emissions/index.htm.

Vermeulen, R., D. Silverman, E. Garshick, J. Vlaanderen, L. Portengen, and K. Steenland, 2014. Exposure-response estimates for diesel exhaust and lung cancer mortality based on data from three occupational cohorts. Environ. Health Perspect. 122(2):172–177.

Wadud, Z., and I. A. Waltz. 2011. Comparison of air quality-related mortality impacts of different transportation modes in the United States. Transportation Research Record, 2233: 99–109.

WHO. 2008. World Health Organization estimates in EEA-32 obtained from WHO

Global Health Observatory Database. http://app.who.int/ghodata/?vid=34300.

WHO. 2014. World Health Organization. http://www.who.int/mediacentre/news/releases/2014/air-pollution/en/.

WHO. 2015a. Ambient (Outdoor) Air Quality and Health, Fact Sheet No. 313; http://www.who int/mediacentre/factsheets/fs313/en/.

WHO. 2015b. Economic Cost of the Health Impact of Air Pollution in Europe. World Health Organization Report; www.euro.who.int/.

# 9 经济、金融与政策

Blake Ronnebaum,Larry E.Erickson,Anil Pahwa,Gary Brase,Michael Babcock

*教育是最好的经济政策。*

Tony Blair

# 9 经济、金融与政策

## 9.1 引　言

　　美国的交通电气化正在迅速进行，这对美国的经济和公民都有重要意义。混合动力电动汽车（HEV）、插电式混合动力电动汽车（PHEV）和电池电动汽车（BEV）的出现和使用将明显改变该国的能源基础设施和经济。2013年，美国平均每天使用877.4万桶成品汽油（U.S. Energy Information Administration，2014f）。随着路上电动汽车数量的增加，伴随着燃料经济性逐渐提高，在美国消耗的汽油和石油量将减少。下降的速度很大程度上取决于电动汽车的应用速度。一些乐观的专家认为，到2030年电动汽车将占有90%的市场份额（包括混合动力电动汽车、插电式混合动力电动汽车及纯电动汽车）（Up to 90% of US cars could be "green" vehicles by 2030，2011），而另一些专家则估计，市场份额可能低至6%（U.S. Energy Information Administration，2014c）。本章回顾了传统汽车与电动汽车的成本、效益和经济性，以及这些经济如何受到传统发电和太阳能供电基础设施为电动汽车充电的影响。

　　运输系统中大规模增加电动汽车将影响电网基础设施的需求和特点，并且其中许多影响都是潜在的问题。使用太阳能电池板所发的电给电动汽车充电比直接使用电网充电经济得多，更不用说对环境多有利了。太阳能电池板还将有助于减少用电高峰时段的电网负荷，例如炎热的夏天，电力成本可能增加到每兆瓦时几百美元，有时甚至每兆瓦时1 000美元（ISO New England Inc.，2003）。因此，了解电动汽车相对于传统汽车对内部和外部经济的影响很重要，并且重要的是理解这些经济性是如何变化的，包括通过太阳能充电站充电的电动汽车（与目前市场中电网供电的充电站相比）。之前曾进行了研究，以确定在停车场建设太阳能充电站的经济可行性（Goli和Shireen，2014；Jamil等，2012；Tulpule等，2013；Zhang等，2013）。本章旨在通过改用电动汽车和太阳能发电来节约间接经济成本，并为太阳能充电站提供经济可行性分析，特别是以美国中西部的一所大型研究型大学为例。

## 9.2 传统汽车的外部成本

全面而准确地评估化石燃料消耗造成的外部影响是难以实现的。然而，据估计，这些影响在人类健康、外交事务和环境领域是非常重要的。

### 9.2.1 人类健康

如第 8 章所述，道路运输估计是造成与污染相关的过早死亡数最多的。一份报告发现，2000 年有多达 12 000～42 300 人过早死于道路运输污染（Wadud，2011）。其中 3 900～12 000 人与乘用车污染有关，是 2000 年死于道路交通事故造成死亡人数的 10%～30%。与其他类型的运输工具相比，乘用车相关的污染造成的损害更大，因为与航空和海运等其他运输形式相比，距离人更近的乘用车密度更大（Wadud，2011）。柴油废气被列为致癌物，汽油尾气也被列为可能的致癌物（Benbrahim-Tallaa 等，2012）。以金钱来衡量这些死亡的代价是非常困难的。Small 和 Kazimi（1995）确定了一种方法，他们评估人们每年为降低死亡风险而支付费用的意愿。在像美国这样的发达国家，报告称人们愿意每年支付数千美元来降低这种风险，因此，研究人员以 1992 年美元计算每个生命的价值在 210 万～1 130 万美元之间（按 2012 年美元计算）。将这些生命价值估计值与丧生人数相联系，由于乘用车污染造成的过早死亡，从而造成生命损失的外部成本估计，从每年只有 134.2 亿美元升到高达 2 219 亿美元。然而，由于燃料成本的上升、汽车燃料经济性的提高及电动汽车的早期采用，这些估计数值近年来可能有所下降。特别是购买的乘用车的平均燃料经济性从 2000 年的 28.5 mile/UKgal 上升到 2012 年的 35.2 mile/UKgal，这意味着乘用车的排放量自 2000 年来可能有所下降（Davis 等，2013）。这表明，由于减少了排放，目前因乘用车排放造成的死亡总数将比 2000 年的少。然而，这些估计费用是惊人的。

化石燃料燃烧产生的空气污染物被证明对人类健康有很大的影响，能源生产和陆路运输是这些排放的主要驱动因素。例如，臭氧是一种由化石燃料燃烧产生的有机化合物与氮氧化物之间反应产生的危险污染物。吸入少量的臭氧就会引起呼吸道健康问题（Smith 等，2009）。就交通运输造成的空气污染而言，据估计，1990 年，每车每英里的空气污染费用约为 1.1 美分（Victoria Transport Policy Institute，2009），如果计入通货膨胀和燃料经济性提高因素，这个数字与今天的可能差不多。这一费用包括接触污染的人数、因接触而造成的死亡率和发病率，以及对人的生活的价值。2012 年，美国有 2.32 亿辆汽车在路上行驶，这相当于每天近 7 910 万美元，即每年近 289 亿美元的空气污染费用（Davis 等，2013）。这一数值在早期报告的过早死亡估计费用范围内。水污染也是汽车使用造成的不良影响，原因是道路除冰、油类和其他液体泄漏到水源中，以及空气污染物沉降到水源中。据估计，美国平均每辆汽车造成的水污染成本约为每车每英里 1.4 美分，约合每年 184 亿美元（Victoria Transport Policy Institute，2009）。

## 9.2.2 外交事务

2012 年，美国净进口石油约为每天 740 万桶。这大约相当于 2012 年使用的石油的 40%（U.S. Energy Administration，2013）。这些石油大部分是从西半球进口的，因为那里没有发生重大冲突，进口石油安全。净进口石油的 28% 来自波斯湾，那里的军事冲突令人关切。据估计，每年的军费约为 5 000 亿美元，换言之，每桶进口原油约 140 美元（Victoria Transport Policy Institute，2009）。2013 年，约 45% 的石油进行提炼用于生产车用汽油（U.S. Energy Information Administration，2014b），如果我们假设从该地区进口的石油中有 45% 也被提炼成车用汽油，这将占波斯湾军费中的 2 250 亿美元。为了遏制大量石油进口，政府采用了企业平均燃料经济性（CAFE）计划。该计划制定了一个标准，要求所有销售的汽车都有最低的平均燃料经济性。这个数字从 1975 年首次通过时的 18 mile/UKgal 慢慢增加到 2016 年的 35 mile/UKgal，以减少对石油的依赖（Horn 和 Docksai，2010）。通过将汽油消耗降低 10%～30%，在波斯湾驻军以确保我们石油需求的成本每年可以减少 225 亿～675 亿美元。但是，这些估计数字不包括因士兵受伤而可能产生的费用（或节约的费用），例如致残费用。此外，这些影响还将减少油轮和军用车辆由于减少作业所引起的温室气体排放。

## 9.2.3 环境

进入消耗化石燃料时代，环境问题引起了极大的关注。化石燃料燃烧的许多副产品对环境具有破坏作用，最值得注意的是气候变化。此外，不仅仅是燃料的燃烧会破坏环境。2010 年发生的"深水地平线"漏油事件在墨西哥湾造成了巨大的生态破坏。清理漏油的费用及赔偿金估计为 200 亿～400 亿美元（Victoria Transport Policy Institute，2009）。但是，这只包括可以在纸面上确定的费用。环境代价和美学代价是很难估计的，如受损的景观和濒危的野生动物。这些费用粗略估计每年在 100 亿～300 亿美元（Victoria Transport Policy Institute，2009）。

运输和能源部门是美国温室气体排放量最多的，并使其成为气候变化的最大贡献者。2014 年 6 月，奥巴马总统宣布了一项计划，将全美的二氧化碳排放量比 2005 年减少 30%（Plumer，2014）。为了实现这一计划，能源和运输是开始减排的最重要领域。确定温室气体排放价格的一种方法是研究各国购买经二氧化碳核证的减排（CER）的成本，各国可利用这种成本来实现其排放目标和应对气候变化。2012 年，这些核证的减排量的成本约为每吨二氧化碳排放 5.90 美元（0.005 9 美元/kg）。通过将这一价格与 2012 年传统汽车排放的二氧化碳排放量进行比较，气候变化的成本可以计入排放。

## 9.2.4 传统车辆排放的总体外部成本

我们将所有这些成本结合起来，找出每辆轻型汽车每年排放的外部成本及单台汽车每英里行驶的成本。我们还假定，美国公路上 2.32 亿辆轻型汽车每年的排放量相同，并且所有车辆的年平均行驶里程为 11 300 mile（Davis 等，2013）。气候变化造成的费用是每车每年 28.17 美元，即每英里 0.25 美分。环境破坏（美学损坏和物种损失）造成的费用估计为每车每年 129～301 美元，即每辆车行驶 1 mile 需 1.1～2.7 美分。根据上述数值计算的空气污染和水污染费用估计为每车每年 282.50 美元，即每车行驶 1 mile 需 2.5 美分。外国石油的军事安全费用估计为每车每年 2 150 美元，或每车行驶 1 mile 需约 19 美分。总的来说，这些外部费用约为每车每年 2 670 美元，或每车每英里 24 美分。当然，这些值取决于车辆规格、位置和其他变量，但它们与传统汽车排放所带来的经济成本相当接近。那么,使用电动汽车可以在多大程度上减少这些成本?此外,使用太阳能充电站充电的电动汽车将如何进一步改变这些经济状况?

## 9.3 电动汽车的外部成本

可以理解的是,开电动汽车相对于开传统汽车的外部影响要低得多。其完全避免了汽油机汽车所带来的许多外部成本,例如确保国外石油来源的安全所需的军费。使用电网充电的电动汽车,唯一的排放源将来自发电厂,高排放浓度将局限于少数几个区域,而不是通过汽车广泛散播。然而,仍然存在一些外部成本。

二氧化硫仅占温室气体的一小部分,但它不仅会引起和加剧哮喘等呼吸系统疾病,而且会显著促进酸雨的形成(Smith 等,2009;United States Environmental Protection Agency,2014)。2012 年,美国 63.3% 的二氧化硫排放源自发电,大部分来自燃煤。然而,随着立法和法规的增加,美国的二氧化硫排放量正在迅速减少(United States Environmental Protection Agency,2014)。

2012 年,运输部门发布了总计 1 837 太克(Tg)的 $CO_{2e}$,占该年温室气体排放总量的 28.2%。然而,乘用车只排放了 793.8 Tg 的 $CO_{2e}$(仅为 43.2%)(United States Environmental Protection Agency,2014)。美国因增加插电式混合动力电动汽车和纯电动汽车的使用量而减少的温室气体见表 9.1,假设 2008—2012 年所观察到的排放基线下降为 2.95% 保持不变,这可能是由于乘用车的燃料经济性提高了(United States Environmental Protection Agency 2014)。数据来自 6 种设想,即,以当前电动车辆的总量保持不变为基准,以及到 2030 年电动汽车达到 10%、20%、30%、40% 和 50% 市场份额的五种预测。插电式混合动力电动汽车在表 9.1 中的权重为 0.6,假设它们平均 60% 的时间只使用电力驱动(Goldin 等,2014)。数据表明,插电式混合动力电动汽车的增长大于纯电动汽车的增长,因为插电式混合动力电动汽车的成本较低,也没有纯电动汽车的续驶里程焦虑问题。由于电池技术的改进和充电设施的

## 充电模式的变革：太阳能充电站

完善，预计到 2030 年，这些问题对纯电动汽车而言将不会那么严重。最乐观的情况是，预计到 2030 年电动汽车市场渗透率将达 50%，与 2012 年相比，乘用车的温室气体排放量将减少约 42%。这一乐观的衡量标准与整个运输部门的温室气体排放量减少 18.1% 相一致，前提是所有其他各方面保持不变。然而，该数据并未考虑为越来越多的电动汽车提供电力所需的更多的能源生产。如果电动汽车的所有能量都来自太阳能充电站，那么碳排放量将会很少。假如没有低碳密集型能源生产的增长，电动汽车的增加对减少碳排放的效果就会打折扣。该表还显示了由核证减排成本确定的碳排放成本（0.005 9 美元/kg）。该表显示，2030 年电动汽车市场份额为 30%，与基准估计相比，发布的碳排放量成本可以减少 10 亿美元（以 2012 年的美元计）以上。

表 9.1 电动汽车应用相关的温室气体排放下降和汽油用量减少

| 数据来源 | 2030 年纯电动汽车市场份额/% | 2030 年插电式混合动力电动汽车市场份额/% | 每 4 年减少的排放量百分数/% | 2030 年乘用车总温室气体排放量/（Tg $CO_{2e}$） | 自 2012 年乘用车排放（$CO_{2e}$）减少的比例/% | 2030[①]排放成本/百万美元 |
|---|---|---|---|---|---|---|
| 基准 | 0 | 0 | 2.95 | 688.4 | 13.28 | 4 061 |
| 10% EV 市场占有率 | 3 | 7 | 4.55 | 631.2 | 20.48 | 3 724 |
| 20% EV 市场占有率 | 6 | 14 | 6.15 | 574.1 | 27.68 | 3 387 |
| 30% EV 市场占有率 | 10 | 20 | 7.85 | 513.7 | 35.28 | 3 031 |
| 40% EV 市场占有率 | 15 | 25 | 9.61 | 450.5 | 43.25 | 2 658 |
| 50% EV 市场占有率 | 20 | 30 | 11.39 | 386.9 | 51.26 | 2 283 |

① 以 2012 年美元计。

简单地从传统汽车转向电动汽车，每年产生的温室气体排放量可以大幅度减少。表 9.1 显示了到 2030 年电动汽车的市场份额的增加是如何减少当时的温室气体排放量的。在目前的基准线趋势下，从 2012 年到 2030 年，乘用车排放预计将减少 12.6%。如果把 20% 的电动汽车市场份额包括在内，预计排放量将减少近一半。然而，这些数据只是直接考虑了车辆的排放，没有考虑为驱动电动汽车新的份额提供动力所需的发电而产生的温室气体。

对环境具有毋庸置疑的积极影响的电动汽车，面临的巨大挑战是如果为电动汽车提供动力的能源仍然是化石燃料（如煤炭），那么驾驶电动汽车对环境的好处较小。因此，消费者购买便宜的传统汽车可能会更好。为了使电动汽车对环境产生更积极的影响，太阳能充电站这种绿色能源基础设施和电动汽车充电基础设施必须以同样的速度增长，以满足消费者的需求。

2012 年，美国多能源发电包括 68.5% 的化石燃料能源，其余 31.5% 主要使用核能和可再生能源（U.S. Energy Information Administration，2014a）。如果电动汽车用电网充电，发电所产生的排放量约为 0.500 kg/kWh 的 $CO_{2e}$，每天行车约产生 5.17 kg 的 $CO_{2e}$（U.S. Energy Information Administration，2014e；United States Environmental Protection Agency，2014）。虽然与 1 UKgal 汽油的排放量（约 8.788 kg $CO_{2e}$/UKgal，每天每车排放 13.1 kg $CO_{2e}$）相比，这些排放大大减少（Davis 等，2013），但它仍然不是零排放汽车。因此，既然电动汽车每天的排放量仅为传统汽车排放量的 39.4%，我们可以假设电网充电的电动汽车产生的空气污染和气候变化的外部成本仅为传统汽车的 39.4%。这意味着，电网充电的电动汽车的空气污染成本为 0.43 美分/mile，气候变化成本仅为 0.099 美分/mile，从而电动汽车间接排放的总成本为 0.529 美分/mile。

同样，对电动汽车而言，水污染仍然是一个问题，尽管它仍然不像传统汽车那么严重。这种污染主要来自冬季的除冰道路。维多利亚运输政策研究所估计，以 2012 年美元计，水污染的平均成本约为 0.775 美分/mile，也就是每年近 90 美元（Victoria Transport Policy Institute，2009）。

由于保障电动汽车的燃料安全方面没有军事冲突，也没有为这些车辆提供动力的直接环境破坏，环境和外交事务有关的外部成本基本为零。改用电动汽车节省的汽油量见表 9.2。插电式混合动力电动汽车的权重为 0.6，因为它们使用电能的时间约 60%。这里还包括汽油消耗量每 5 年减少 2.4% 为基准的数据，这是从 2008 年到 2013 年观察到的汽油消耗量下降比例（U.S. Energy Information Administration，2014f）。这一下降很可能是由于车辆燃料经济性提高了。结果表明，即使 2030 年电动汽车的市场份额小幅增加 10%，每天消耗的汽油量也会减少 100 多万桶，从 2013 年的每天 877.4 万桶减少到 2030 年的每天 750 万桶，这将减少对外国石油和汽油的依赖。

## 充电模式的变革：太阳能充电站

在所有这些因素加在一起后，电网充电的电动汽车的总外部成本为 1.30 美分/mile，每年约 146.90 美元——仅为传统汽车外部成本的 7%。

表 9.2 到 2030 年应用电动汽车引起的汽油消耗量降低

| 数据来源 | 2030 年插电式混合动力电动汽车市场份额/% | 2030 年纯电动汽车市场份额/% | 每 5 年汽油消耗减少量/% | 2030 年汽油消耗量/(百万桶·天$^{-1}$) | 2030 年比 2012 年汽油节约量/(百万桶·天$^{-1}$) |
|---|---|---|---|---|---|
| 基准 | 0 | 0 | 2 | 8.079 | 0.695 |
| 10% EV 市场份额 | 7 | 3 | 5 | 7.500 | 1.274 |
| 20% EV 市场份额 | 14 | 6 | 7 | 6.951 | 1.823 |
| 30% EV 市场份额 | 20 | 10 | 9 | 6.407 | 2.367 |
| 40% EV 市场份额 | 25 | 15 | 11 | 5.867 | 2.907 |
| 50% EV 市场份额 | 30 | 20 | 14 | 5.179 | 3.595 |

## 9.4 电动汽车应用的经济学

虽然从长远来看购买电动汽车的经济效益是显著的，但在当前市场上，电动汽车也有其不利的一面。高的初始购买价格和更有限的续驶里程是导致消费者不愿购买纯电动汽车的最大原因（Bullis，2013）。然而，电动汽车的成本正在下降，电动汽车的销售也在快速增长。根据电动运输协会统计，从 2013 年 5 月至 2014 年 5 月，插电式混合动力电动汽车销量增长了 35%。同期道路上插电式混合动力电动汽车增加了约 102%（Electric Drive Transportation Association，2014）。如果每年的销售量持续增长，到 2030 年将销售约 6 300 万辆电动汽车，几乎是 2012 年道路上所有车辆的 30%。最近，一些城市已经通过若干激励措施鼓励电动汽车的大规模应用。

佐治亚州的亚特兰大市已经成为美国纯电动汽车的第二大市场（加利福

尼亚州的洛杉矶是最大的），因为其减轻了对初始成本和行驶里程的担忧。为了降低车辆的总成本，亚特兰大的主要电力公司以 1.3 美分/kWh 的价格提供非高峰充电。考虑所有这些因素时，租一辆日产聆风的成本可能低至每月 28 美元。亚特兰大还允许电动汽车车主在共乘车道上行驶，以避免交通拥挤，由于车辆消耗储存在电池中能量的时间减少了，因此对续驶里程的焦虑也减少了，所有这些激励的效果显著，2014 年，亚特兰大的纯电动汽车份额是注册量的 2.15%，是全国平均水平的 5 倍以上。可口可乐在亚特兰大的总部已经为约 100 名拥有电动汽车的员工安装了 75 个电动汽车充电站，进一步激励了电动汽车在该市的应用（Ramsey，2014）。此外，为了进一步解决车辆的高初始价格，佐治亚州为购买纯电动汽车提供超过 4 000 美元的税收抵免。关于太阳能充电站的更多政策问题将在本章后面讨论。

  电动汽车市场的技术增长率也是预测电动汽车，尤其是纯电动汽车的使用率时需要考虑的因素。纯电动汽车的一个主要担忧源自电池的容量。目前最经济的纯电动汽车是日产聆风（Leaf），一次充电可行驶 84 mile。然而，使用更昂贵和更大容量电池的电动汽车，如特斯拉汽车的 Model S（60 kWh 电池包），208 mile 续驶里程的成本是日产聆风的两倍多。虽然 Model S 拥有更大的容量和更长的续驶里程，如果换算到现阶段普通的传统汽车来衡量，聆风电动汽车的燃油成本稍低一些（U.S. Department of Energy，2014a）。Model S 的电池容量增大是电池技术巨大进步的结果。随着科学家和工程师对新的电池材料的开发，电池技术会继续得到改进，据报道，最近的电池价格为 300 美元/kWh（Nykvist 和 Nilsson，2015）。例如，由 Phinergy 能源公司设计的锂 – 空气电池和铝 – 空气电池的组合为一辆电动汽车提供动力，单次充电后行驶了 1 800 mile。该电池的质量比 Model S 使用的电池小 1/6，使得车辆的效率显著提高（Rosen，2014）。另外，特斯拉的 CEO 埃隆马斯克（Elon Musk）在 2014 年 6 月向公众发布了"超级充电器"充电站及其他一些技术的专利，鼓励市场上的公司合作开发（Smith，2014）。随着越来越多的公司开始使用这些技术，将简化为电动汽车充电站的建设过程，并降低其成本。这种发展也值得注意，因为许多超级充电器由太阳能电池板供电，并为充电的车辆提供清洁电力和遮阳，这具有内在价值。随着这些技术变得更好理解和得到改进，它们会变

### 充电模式的变革：太阳能充电站

得更便宜，从而使普通消费者也可以利用。

由汽油改为电力驱动对消费者有直接的经济利益。2012 年，在美国有 2 亿 3 200 万辆轻型汽车在用，平均燃油经济性为 20.8 mile/UKgal。每辆车每年行驶约 11 300 mile，每天约 31 mile（Davis 等，2013）。2012 年为汽车提供动力的汽油平均价格为 3.60 美元/UKgal（Hargreaves，2012）。这些费用折合每年每辆车 1 955.77 美元，也就是每天约 5.36 美元。纯电动汽车和插电式混合动力电动汽车的电耗经济性约为 3 mile/kWh（U.S.Department of Energy，2014a），2012 年美国的平均电价为 9.84 美分/kWh（U.S Energy Information Administration，2014d）。使用与以前相同的驾驶统计数据，计算出 2012 年驾驶纯电动汽车每辆车每年要花费 370.64 美元，或者说每天花费约 1.02 美元。假设插电式混合动力电动汽车平均 60% 的行驶时间以电力驱动，其成本是每辆车每年 1 004.69 美元，或者说每天 2.75 美元。随着电动汽车的初始价格持续下降，与传统车辆相比，从长远来看，电动汽车的成本将非常具有竞争力。2012 年，扣除燃料后，拥有一辆汽车的成本接近 7 000 美元（Hunter，2012）。例如，斯台普斯（Staples）所拥有的柴油卡车置换成电动卡车，预计每年的维修费用减少近 90%（Ramsey，2010）。电动汽车的维修费用减少的主要原因是电动机只有一个运动部件，并且不需要机油或变速器油，使得拥有电动汽车的年成本大大低于拥有传统汽车的年成本。

## 9.5 太阳能充电站（SPCS）

交通电气化对于遏制不断增加的温室气体排放和减少对化石燃料的依赖至关重要。然而，随着电动汽车越来越受欢迎，可以预见电力需求的增加，这就引起了人们对电厂产生污染所引起的后果的关注。目前，美国发电大部分用的是煤和天然气。通过增加电动汽车的数量，汽油消耗量将减少；然而，驱动汽车所需的电力来自煤和天然气，随之所需煤和天然气的数量可能会增加。这是电动汽车应用的主要挑战：虽然消费者确实减少了排放，但能源发电部门可能会增加他们的排放。

摆脱这一困境的方法是促进使用太阳能和增加风能发电，为电动汽车提供能源。可再生能源（如太阳能充电站）充电将抵消这些外部成本。这就是为什么像太阳能充电站这样的发展是如此重要和有效：太阳能充电站不仅为用户提供电力，而且还减轻了电力公司为电动汽车充电的压力。此外，当电动汽车未使用充电站充电时，该站可以继续发电并送入电网，以进一步减少电力公司的化石燃料燃烧和碳排放。

2012年，能源部门共排放了2 064 Tg的二氧化碳当量（$CO_{2e}$），占2012年排放量的31.6%。全部2 064 Tg二氧化碳当量中，几乎所有排放物（2 022.6 Tg $CO_{2e}$）直接涉及能源发电（United States Environmental Protection Agency，2014）。以太阳能充电站为例，假设每个充电站的太阳能电池板覆盖27 m²（平均停车位面积）的太阳能电池板，效率为15%（电池板将15%的入射阳光转化为能量），每天接收4 h的峰值日照，因此每天共产生16 kWh的能量（Erickson等，2012）。如果大量采用太阳能充电站，产生的能量的经济性见表9.3，假设平均能源价格为10.08美分/kWh，即2013年所有部门的平均电价（U.S. Energy Information Administration，2014d）。随着时间的推移，电池板的效率肯定在降低（通常在25年后，损失了初始输出的20%）。然而，预期的电力成本上涨几乎会抵消这种效率损失（ExxonMobil，2014）。

表9.3 假设所有其他因素相同时，安装太阳能充电站的经济性

| 太阳能充电站数量/百万个 | 每个站安装成本/美元 | 安装的总成本/10亿美元 | 每天总发电量/TWh | 每年总发电量/TWh | 每天产生的收入/百万美元 | 每年产生的收入/10亿美元 | 投资回收期/年 |
| --- | --- | --- | --- | --- | --- | --- | --- |
| 100 | 10 000 | 1 000 | 1.6 | 584.4 | 161 | 58.91 | 17.0 |
| 100 | 15 000 | 1 500 | 1.6 | 584.4 | 161 | 58.91 | 25.5 |
| 100 | 20 000 | 2 000 | 1.6 | 584.4 | 161 | 58.91 | 34.0 |
| 150 | 10 000 | 1 500 | 2.4 | 876.6 | 242 | 88.36 | 17.0 |
| 150 | 15 000 | 2 250 | 2.4 | 876.6 | 242 | 88.36 | 25.5 |
| 150 | 20 000 | 3 000 | 2.4 | 876.6 | 242 | 88.36 | 34.0 |
| 200 | 10 000 | 2 000 | 3.2 | 1 169 | 323 | 117.82 | 17.0 |
| 200 | 15 000 | 3 000 | 3.2 | 1 169 | 323 | 117.82 | 25.5 |
| 200 | 20 000 | 4 000 | 3.2 | 1 169 | 323 | 117.82 | 34.0 |

注：每年计算使用的平均发电量为每个充电站16 kW/天，电价为10.08美分/kWh，每年是365.25天。

## 充电模式的变革：太阳能充电站

鼓励应用太阳能充电站的一个办法是政府为可再生能源行业提供补贴。在有外部成本的市场，为电动汽车提供补贴是一项恰当的政策。根据美国能源信息管理的说法，可再生能源生产获得了55.3%的联邦能源生产补贴和支持。然而，其中只有42%用于风能（U.S. Energy Information Administration，2011）。如果太阳能获得更多的补贴，该技术将得到更快的应用，因为消费者更容易负担得起，更多的研发可以使这项技术更有效、更有益。这也可以通过州政府来实施，特别是南方的一些州，那里太阳辐射相对高，可以收集更多的能量，并且遮阳也有很大的价值。对公共充电站的补贴也将是重要的，且有益于电动汽车的应用。由于插电式混合动力电动汽车变得越来越普及、越来越实惠，电动汽车也需要一个与目前的燃油汽车相媲美的基础设施。目前，美国每2 500人有一个加油站（Horn和Docksai，2010）。为了与这些基础设施匹配，政府可以对提供充电站的加油站进行奖励，以鼓励其容纳电动汽车充电。

通过在家庭或企业中安装太阳能充电站为电动汽车提供能源，不使用电网的电力可以节省大量资金。此外，借助一个在用的商业模式，有些充电站将能够在几年内盈利。目前，太阳能和其他可再生能源存在一些缺点，使其不如化石燃料可靠。低能量密度、间歇性发电、位置限制和美学效应都阻碍了太阳能发电的应用（Markandya和Wilkinson，2007）。然而，该技术的潜力预计将远超目前所获得的利益，因此光伏技术的研发至关重要。要使太阳能充电站能够在全国范围内使用，太阳能充电站必须在更换电池板之前生产足够的能源来支付费用。太阳能电池板的寿命取决于其安装后的发电量。标准规则是，太阳能电池板在更换之前至少应提供其初始输出的80%。大多数情况下，太阳能电池板在达到这个阈值之前大约有25年的时间。然而，有些太阳能电池板已经持续使用了近40年，无须更换（Waco，2011），这些电池板为车辆充电的同时也为车辆提供遮阳，这也具有重要的经济和社会价值。

一个太阳能充电站在其生命周期内能够产生的收益取决于相当多的变量。最值得注意的是，充电站使用的领域是否有经济效益是一个强大的生存因素。在我们的计算中，使用的是面板结构的标准参数，即效率为15%，覆盖面积为27 $m^2$，每天获得4 h的峰值日光，平均每天产生16 kWh的能量（Erickson等，2012）。我们使用10 000美元、15 000美元和20 000美元计算安装成本。利用这一范围来考虑由于全国各地的地理位置、政府激励和劳动力市场的差异而引起的市场变化。2015 年第三季度,非住宅太阳能装置的平均价格报告为 2.07 美元/W。一个 4 kW 的停车位,太阳能电池板安装费用为 2.07 美元/ W×4 000 W = 8 028 美元(GTM,2015)。这一估计费用不包括电动汽车充电站的费用。

在美国,能源的 4 个有效益的终端领域是住宅业、商业、运输和工业。表 9.4 详细按领域列出了每个充电站的净收益和每个停车位 3 项安装成本的回收期。结果表明,住宅业是安装太阳能充电站最可行的部门,即使支付了 10 000 美元的安装费用,也能获得 7 707 美元的净收益。事实上,住宅业也为 15 000 美元的安装成本提供了正的净收益。对于运输业和商业而言,只有安装成本为 10 000 美元和 15 000 美元时才会实现正的净收益。工业部门显示出最不可行的结果,只有当安装成本低于 10 000 美元时才会有正的净收益。同时,也可以估计在 25 年内可以支付的电站的基本电价。这些价格是 10 000 美元安装费时的电价为 0.068 4 美元/kWh、15 000 美元安装费时的电价为 0.102 7 美元/kWh、20 000 美元安装费时的电价为 0.136 9 美元/kWh。这可由本地电力公司提供登记在充电站使用的 ID 卡来实现,然后将价格加入客户的每月账单上。

表 9.4 经济部门的太阳能充电站的经济性及使用 **2013** 年能源价格的安装成本

| 经济部门 | 安装初始成本/美元 | 电价/[美元·(kWh)$^{-1}$] | 每年来自发电的收入/美元 | 投资回收期/年 | 25 年净收益/美元 |
| --- | --- | --- | --- | --- | --- |
| 住宅 | 10 000 | 0.121 2 | 708.29 | 14.1 | 7 707.32 |
|  | 15 000 | 0.121 2 | 708.29 | 22.1 | 2 707.32 |
|  | 20 000 | 0.121 2 | 708.29 | 28.2 | 无 |
| 商业 | 10 000 | 0.102 9 | 601.35 | 16.6 | 5 033.69 |
|  | 15 000 | 0.102 9 | 601.35 | 24.9 | 33.69 |
|  | 20 000 | 0.102 9 | 601.35 | 33.3 | 无 |
| 交通 | 10 000 | 0.102 8 | 600.76 | 16.6 | 5 019.08 |
|  | 15 000 | 0.102 8 | 600.76 | 25.0 | 19.08 |
|  | 20 000 | 0.102 8 | 600.76 | 33.3 | 无 |
| 工业 | 10 000 | 0.068 2 | 398.56 | 25.1 | 无 |
|  | 15 000 | 0.068 2 | 398.56 | 37.6 | 无 |
|  | 20 000 | 0.068 2 | 398.56 | 50.2 | 无 |

注:假设太阳能电池板覆盖面积 27 m$^2$,接受每天 4 h 的峰值日光,以 15%的效率运转,每天发电 16 kWh。

## 充电模式的变革：太阳能充电站

例如，在中西部的一所大型研究型大学，除非安装价格非常低，否则太阳能充电站在经济上是行不通的，因为大学只支付 7 美分/kWh 的电费。然而，如果向使用该站的人收取维护费或停车费，可能在经济上是可行的。这所大学的停车场目前有一个电动汽车充电站，充电第一小时收费 3 美元，之后每小时收费 1 美元（Davis, 2014）。为了计算对提高充电站的生存能力产生的影响，我们假设几种不同的方案。首先假设每周平均有 1 辆车、3 辆车和 7 辆车使用充电站。然后假设每辆车的平均充电时间为 1 h、2 h、4 h。使用数据见表 9.5，我们发现这些额外成本在某些情况下会产生很大的差异。最佳情况是，7 辆车每周充电 4 h，利用了太阳能充电站产生的所有能量。如果安装成本为 10 000 美元，此方案可将回报时间缩短到不到 4 年，在 25 年内净收益近 68 000 美元。但目前的电动汽车市场上，这种最好的情况是不太可能发生的。然而这种支付方式确实明显改善了收费站的回报期——每个充电站的安装成本收回时间大约为 10 年。然而，最坏的情况是一辆车每周充电 1 h，而 20 000 美元的安装费用仍然没有在 25 年内获得净收益。按 7 美分/kWh 计算，如果把太阳能电池板产生的所有电力卖给大学，一个停车位需要 25 年以上才能获得 10 227 美元的收入。如果每年增加 30 美元的许可证，包括在太阳能电池板的遮阳下停车的许可证，25 年多才能增加 750 美元的收益。遮阳停车的影响包括降低车内温度并且在车辆销售或交易时价值损失较少。如果方便及有机会使用充电站，并以 7 美分/kWh 的价格向当地公用事业公司购买电力，每年可增加 250 美元，则在 25 年内赚取 6 250 美元的收入。另外，也需要考虑纯电动汽车车主的看法，他们需要行驶 40 mile 或 60 mile 到大学上班，将分别消耗 13.3 kWh 和 20 kWh 的能量。当他们到达校园时，可以在工作时使用太阳能充电站为他们的汽车充电。如果他们支付 250 美元使用充电站的许可，假设他们每年工作约 250 天，他们为使用充电站每天将支付约 1 美元。此外，大学的充电的费用为 7 美分/kWh，家庭电费 12.12 美分/kWh，每天 40 mile 和 60 mile 的通勤总费用分别为 2.55 美元和 3.82 美元。这比 2012 年驾驶普通汽车的燃油成本要低得多，普通汽车每天 40 mile 和 60 mile 的通勤总费用分别为 13.85 美元和 20.77 美元。

# 9 经济、金融与政策

**表 9.5 含充电费用的太阳能充电站可行性**

| 安装初始成本/美元 | 每周车辆充电次数 | 充电用时/h | 每年收入/美元 | 投资回收期/年 | 25 年净收益/美元 |
|---|---|---|---|---|---|
| 10 000 | 1 | 1 | 565.08 | 17.7 | 4 127 |
| 10 000 | 1 | 2 | 617.08 | 16.2 | 5 427 |
| 10 000 | 1 | 4 | 721.08 | 13.9 | 8 027 |
| 10 000 | 3 | 1 | 877.08 | 11.4 | 11 927 |
| 10 000 | 3 | 2 | 1 033.08 | 9.7 | 15 827 |
| 10 000 | 3 | 4 | 1 345.08 | 7.4 | 23 627 |
| 10 000 | 7 | 1 | 1 501.08 | 6.7 | 27 527 |
| 10 000 | 7 | 2 | 1 865.08 | 5.4 | 36 627 |
| 10 000 | 7 | 4 | 2 593.08 | 3.9 | 54 827 |
| 15 000 | 1 | 1 | 565.08 | 26.5 | 无 |
| 15 000 | 1 | 2 | 617.08 | 24.3 | 427 |
| 15 000 | 1 | 4 | 721.08 | 20.8 | 3 027 |
| 15 000 | 3 | 1 | 877.08 | 17.1 | 6 927 |
| 15 000 | 3 | 2 | 1 033.08 | 14.5 | 10 827 |
| 15 000 | 3 | 4 | 1 345.08 | 11.2 | 18 627 |
| 15 000 | 7 | 1 | 1 501.08 | 10.0 | 22 527 |
| 15 000 | 7 | 2 | 1 865.08 | 8.0 | 31 627 |
| 15 000 | 7 | 4 | 2 593.08 | 5.8 | 49 827 |
| 20 000 | 1 | 1 | 565.08 | 35.4 | 无 |
| 20 000 | 1 | 2 | 617.08 | 32.4 | 无 |
| 20 000 | 1 | 4 | 721.08 | 27.7 | 无 |
| 20 000 | 3 | 1 | 877.08 | 22.8 | 1 927 |
| 20 000 | 3 | 2 | 1 033.08 | 19.4 | 5 827 |
| 20 000 | 3 | 4 | 1 345.08 | 14.9 | 13 627 |
| 20 000 | 7 | 1 | 1 501.08 | 13.3 | 17 527 |
| 20 000 | 7 | 2 | 1 865.08 | 10.7 | 26 627 |
| 20 000 | 7 | 4 | 2 593.08 | 7.7 | 44 827 |

注：第一小时费用为 3 美元，之后每小时费用为 1 美元。电价是 7 美分/kWh，太阳能电池板每天发电 16 kWh。

## 充电模式的变革：太阳能充电站

如果把该大学停车场内既有 2 级充电的现行定价制度（第一小时 3 美元和之后每小时 1 美元）用于太阳能充电站，而不是支付使用许可和电费，费用将会增加。该充电站提供约 7.2 kW 的电力，因此行驶 40 mile 后需要充电 2 h，行驶 60 mile 后需要充电 3 h。每天行驶 40 mile 费用将增加 4 美元，每天行驶 60 mile 费用将增加 5 美元。这样每天 40 mile 通勤费用总价为 6.65 美元，每天 60 mile 通勤费用为 7.42 美元，这也基于家中充电价格仍然是 0.121 2 美元/kWh 的假设。

全国安装太阳能充电站的可能发电量也是在研究充电站的经济性时需要考虑的问题。为了计算这一点，假设在美国各地安装了 1 亿个、1.5 亿个和 2 亿个充电站，每个站的安装费用为 10 000 美元、15 000 美元和 20 000 美元，平均能源价格为 10.08 美分/kWh。从逻辑上讲，这些都是相当现实的情况，因为美国估计有 7.5 亿个停车位可以安装这些充电站（Chester 等，2010）。表 9.6 和表 9.7 显示了这些计算结果。安装这些充电站的费用很高，从 1 万亿美元到 4 万亿美元，费用高低取决于安装的数目及安装费用。它们还将产生大量电能，每年 580～1 160 TWh，占 2013 年总发电量的 14%～29%。然而，如前所述，衡量经济可行性的真正标准是，充电站能否在需要更换之前自行支付费用。在这种情况下，15 000 美元的安装费用将在 25 年后收回，因此任何安装费用高于这一费用都是不可行的。然而，这将为美国公民创造许多工作岗位，涉及与安装充电站的所有必需品有关的运输、制造、安装和维护环节。此外，这将对每年释放到大气中的温室气体排放量产生巨大影响。表 9.7 根据 2013 年的数据概括了太阳能充电站对发电部门向大气中排放温室气体总量的影响，其中美国所有化石燃料源产生了 2 775 TWh 的电力。如果在美国安装 2 亿个充电站，则全国化石燃料组合产生的温室气体排放量可以减少 42%。表 9.6 和表 9.7 中的数值可以与每年 286 TWh 的电能相比较，这些能源可以供给 4 000 万辆纯电动汽车和 6 000 万辆插电式混合动力电动汽车的车队使用，每辆车每年行驶 11 300 mile，效率为 3 mile/kWh，而插电式混合动力电动汽车 60% 的里程由电力驱动。

表9.6 通过太阳能充电站总发电量的百分比(根据2013年发电4 058 TWh,假设每个充电站每天发电16 kWh,每年365.25天)

| 太阳能充电站安装的数量/百万个 | 每年充电站的发电量/TWh | 与2013年发电量相比,太阳能充电站发电的百分比/% |
|---|---|---|
| 100 | 584.4 | 14 |
| 150 | 876.6 | 22 |
| 200 | 1 169 | 29 |

来源:U.S. Energy Information Administration. 2014e.Monthly energy Review. Retrieved May 28,2014 from http://www.eia.gov/totalenergy/data/monthly/.

表9.7 太阳能充电站对发电和温室气体的排放的影响
(根据2013年化石燃料发电2 775 TWh)

| 太阳能充电站安装的数量/百万个 | 每年产生的太阳能/TWh | 2012年化石燃料燃烧发电当量数/% | 多能源发电减少使用化石燃料,每年削减的二氧化碳排放当量/Tg |
|---|---|---|---|
| 100 | 584.4 | 21.06 | 426.0 |
| 150 | 876.6 | 31.59 | 639.0 |
| 200 | 1 169 | 42.21 | 851.9 |

来源:U.S. Energy Information Administration.2014e.Monthly energy review.Retrieved May 28,2014 from http://www.eia.gov/totalenergy/data/monthly/; United States Environmental Protection Agency.2014. Inventory of U. S. greenhouse gas emissions and sinks:1990－2012.(No.EPA 430－R－14－003).

　　增加发电量、增加电动汽车充电的基础设施及为停放的汽车提供遮阳,将有助于增加电动汽车的使用量,同时减少温室气体和其他有毒物质的排放。虽然太阳能充电站在某些领域由于太贵而不能安装,但随着技术的进一步发展,预计太阳能电池板本身的价格将继续下降,预计太阳能电池板的效率也将有所提高。此外,太阳能电池板最终将变得比化石燃料便宜,因为化石燃料的价格预计将继续上涨(Chiras,2012)。除了这些直接好处外,安装太阳能充电站还有一些间接好处。例如,安装这些太阳能充电站将会凸显安装的家庭或企业。正如许多公司已经宣布他们的产品为"绿色",就产品与环境的关系发表声明一样,公司安装太阳能充电站也将是类似的声明。已经在加利福尼亚州出现了这样的社区,使用"绿色"产品是一种身份象征,实际上推

## 充电模式的变革：太阳能充电站

动了太阳能充电站的应用——称为"普锐斯（Prius）效应"（UC Berkeley and UCLA release "the value of green labels in the California housing market" study findings，2012）。这将吸引更多的用户加入在停车场安装太阳能充电站的业务，从而为太阳能充电站带来更大的经济刺激。太阳能充电站可以用来吸引顾客的另一方式是把太阳能充电站作为公司的广告空间。沃尔特（Volta）公司在购物中心和杂货店等地对电动汽车充电站做了这样的工作。充电站靠近商店入口，电动汽车司机可以优先停车。此外，沃尔特（Volta）在太阳能充电站出售广告空间，以支付安装和维护费用，并免费提供充电服务。根据沃尔特的网站消息，零售商已经看到，顾客喜欢充电站，为获得免费充电的机会选择了他们的商店而不是别人的商店（Volta，2015）。如果考虑通过太阳能为充电站供电，这将为业主提供了一个独特的机会。充电站不仅通过广告收费，而且当充电站不使用时，太阳能电池板可以为商家供电。太阳能电池板也可能提供更多的广告空间出售。

## 9.6 融资与政策

有许多可供选择的资金用于太阳能充电站的安装和维护。Robinson 等（2014）进行的一项调查表明，几种不同的融资方案，如联邦拨款和电动充电站公司的合作伙伴关系，都会受到公众的欢迎（Robinson 等，2014）。

传统上，联邦和各州的拨款都用来资助太阳能充电站的建设（Goldin 等，2014）。许多州和联邦有适用于电动汽车供电设备的政策，其中大部分涉及对其安装费用的折扣。2008 年，华盛顿和俄勒冈州计划增加 5 号州际公路沿线的充电站数量，以利于电动汽车的出行。在 2014 年年底，在 5 号州际公路沿线，每隔 25～50 mile 就有一个充电站，约占当时美国所有公共充电站的 9%（McFarland 和 Chase，2014）。这部分应归功于向企业提供的安装这些充电站的激励措施。如前所述，零售店和其他公共场所的充电站可以吸引顾客。此外，俄勒冈州还为安装企业提供 35% 的安装成本税收抵免（McFarland 和 Chase，2014）。

购电协议（PPA）也越来越多地用于资助太阳能充电站的安装。PPA 允许用户在不购买系统本身的情况下，以较低的成本购买太阳能电力——类似于汽车租赁（U.S. Department of Energy，2014b）。在协议终结后，买方可以续订协议或购买系统（U.S. Department of Energy，2014b）。这使企业更容易为其用户购买和提供太阳能充电站，因为他们只需支付所产生的电费。然而，许多州已经不允许签订购电协议，或模糊他们的监管（U.S. Department of Energy，2014b）。

收入来自使用充电站的用户，也是抵消太阳能充电站安装成本的可行选项。2012 年，加州大学圣迭戈分校在其校园内安装了充电站（Uda，2012）。为了使用这些充电站，用户必须购买大学的停车证，否则需支付访客停车费用（Uda，2012）。用户还必须支付他们从充电站消耗的电能，充满 80% 电量需要的费用约为 3 美元（Uda，2012）。有了太阳能充电站提供的遮阳功能，用户也要为在电池板下面停车的特权付费，从而提供了另一个收入来源。充电站融资的一个流行的例子是特斯拉超级充电站网络，在这个网络中，充电站的资金来自购买特斯拉汽车，该网络仅供车主使用（Robinson 等，2014）。

分时电价也可以成为太阳能充电站融资的一个因素。随着智能电网项目的发展，分时电价的可行性越来越大。例如，堪萨斯州的一家电力公司——西星能源公司（Westar Energy）正在为其分时电价费率试点项目寻求客户做志愿者（Westar Energy，2014）。其他电力公司，如俄勒冈州的波特兰电力公司（PGE），已经为他们的客户开发和实施了分时电价方案（Portland General Electric，2015）。PGE 以不同的价格提供高峰期、中期和非高峰时段的电力，并明确界定了哪些时段属于哪一类（Portland General Electric，2015）。然而，Westar 和 PGE 都强调，虽然分时电价旨在为用户提供一个降低电费的机会，但如果在高峰时间用电过多，用户可能会看到电费增加（Portland General Electric，2015；Westar Energy，2014）。这对电动汽车车主来说通常是个好消息，因为他们可以在白天（高峰时间）用车，并且在夜间（非高峰时间）电价低的时候充电。然而，有时在高峰期充电是无法避免的，这是太阳能充电站将特别有用的地方。由于在高峰期太阳能充电站电力不会直接来自电网，用户仍能避免用较高的峰值费率为他们的汽车充电。分时电价提高了太阳能电池板发电的价值，原因在于中午时电价较高，而此时太阳照射太阳能电池

## 充电模式的变革：太阳能充电站

板强度最大，发电量增加。

最近，Ye 等（2015）已经完成了一项太阳能充电站的可行性研究，结果表明分时电价对于电动汽车、太阳能充电站及电网的一体化系统的经济重要性。他们报告说，联合系统的能源成本为 0.098 美元/kWh。

## 9.7 与可持续发展的关系

电动汽车和太阳能充电站的应用是可持续发展的良好实践。2012 年，联合国主办的里约+20 峰会制定了一份题为《我们希望的未来》的成果文件（The United Nations，2012）。该文件概述了可持续发展的若干目标，其中许多目标可以通过采用电动汽车和太阳能充电站来帮助实现。在能源和运输方面，该文件声明：

提高能源效率、增加可再生能源份额、发展清洁和节能技术对可持续发展，包括应对气候变化至关重要。我们也认识到在城市规划、建筑和交通方面需要采取节能措施……可持续交通可以促进经济增长和提高交通畅达程度。可持续交通在尊重环境的同时，实现了经济更好的一体化（The United Nations，2012）。

太阳能充电站和电动汽车满足了两个促进可持续发展的要求。太阳能充电站生产清洁、可再生能源，然后供电动汽车消耗，零排放，从而减少了运输和发电的化石燃料的消耗，创造了更可持续的基础设施。联合国在 1992 年发表了另一份题为《21 世纪议程》的文件，其中概述了各国政府鼓励可持续发展的具体目标。该文件指出，"各国政府应酌情与工商业合作，探讨在……与能源、运输有关的问题上，如何有效地利用经济手段和市场机制"（The United Nations，1992）。这对于电动汽车和太阳能充电站应用而言非常重要。目前，两者的初始成本都较高，但都有长期的经济效益。政府补贴和其他好处对于鼓励绝大多数消费者采用这些技术至关重要，以便使这些技术有效地促进可持续发展的实践。虽然本章的重点是美国的应用，但是这些想法在世界许多地方都有价值。

## 9.8 总　　结

电动汽车和太阳能充电站虽然在目前的市场上很贵,但却是极具成本效益的能源生产和运输形式。这些技术的每一项对人类健康、气候变化、环境和外交事务都有很大好处。它们不仅提供较少的长期运营成本,而且与大多数其他相互竞争的技术相比,它们本身不产生任何排放物,需要的维护更少。此外,它们还有助于实现联合国提出的可持续发展目标。总的来说,随着技术的发展,可以期待电动汽车和太阳能充电站将对世界各地产生重大影响。拟议的进展可以通过目前的电池、电动汽车和太阳能技术实现,但可预期的技术创新将加快这一转变。

## 参考文献

Benbrahim-Tallaa, L., Baan, R. A., Grosse, Y., Lauby-Secretan, B., El Ghissassi, F., Bouvard, V., and Straif, K. 2012. Carcinogenicity of diesel-engine and gasoline-engine exhausts and some nitroarenes. Lancet Oncology, 13(7):663. doi:10.1016/S1470-2045(12)70280-22.

Bullis, K. Jan/Feb 2013. How improved batteries will make electric vehicles competitive. Technology Review, 116:19-20.

Chester, M., Horvath, A., and Madanat, S. 2010. Parking infrastructure:Energy, emissions, and automobile life-cycle environmental accounting. Environmental Research Letters, 5(3):034001.doi:10:1088/1748-9326/5/3/034001.

Chiras, D. Apr/May 2012. Cost of solar energy plummets. Mother Earth News, 14.

Davis, S. C., Diegel, S. W., and Boundy, R. G. 2013. Transportation Energy Data Book. 32nd ed. Oak Ridge, TN:Oak Ridge National Laboratory.

Davis, T 2014. Retrieved July 2014 from http://www.k-state.edu/media/newsreleases/jan13/station13013. html.

Electric Drive Transportation Association. 2014. Electric drive sales. Retrieved June 2014 from http://electricdrive.org/index.php?ht＝d/sp/i/20952/pid/20952.

Erickson, L. E., Boguski, T., Babcock, M. W., Leven, B. A., Pahwa, A., Brase, G. L., and Miller, R. D. 2012. Community infrastructure for the electrification of transportation. Retrieved from https://www.engg.ksu.edu/chsr/.

ExxonMobil. 2014. The outlook for energy:A view to 2040. ExxonMobil. Retrieved from http://cdn.exxonmobil.com/~/media/Reports/Outlook%20For%20Energy/2014/2014-Outlook-for-Energy-print-resolution. pdf.

Goldin, E., Erickson, L., Natarajan, B., Brase, G., and Pahwa, A. 2014. Solar powered charge stations for electric vehicles. Environmental Progress Sustainable Energy, 33:1248–1308. doi:10. 1002/ep. 11898.

Goli, P. and Shireen, W. 2014. PV powered smart charging station for PHEVs. Renewable Energy, 66:280–287. doi: http://dx.doi.org/10.1016/j. renene. 2013. 11. 06.

GTM. 2015. U.S. Solar Market Insight Report, Q3, Executive Summary, GTM Research. 2015; http://www.greentechmedia.com/.

Hargreaves, S. 2012. Gas prices hit highest average ever in 2012. CNN Money, December 31, 2012.

Horn, M, and Docksai, R. 2010. Roadmap to the electric car economy. The Futurist 44(2):40–45.

Hunter, H. 2012. Cost of owning and operating vehicle in U.S. increased 1.9 percent according to AAA's 2012 "your driving costs" study. Retrieved from http://newsroom.aaa.com/2012/04/cost-of-owning-and-operating-vehicle-in-u-s-increased-1-9-percent-according-to-aaa%E2%80%99s-2012-%E2%80%98 your-driving-costs%E2%80%99-study/.

In 2012, the market for REDD carbon credits shrank and the price fell. Retrieved June 2014 from http://www.redd-monitor.org/2013/07/17/in-2012-the-market-for-redd-carbon-credits-shrank-and-the-price-fell/.

ISO New England Inc. 2003. Hourly historical data post-market 2002. Retrieved from http://www.iso-ne.com/markets/hstdata/hourly/his_data_post/index. html.

Jamil, M., Kirmani, S., and Rizwan, M. 2012. Techno-economic feasibility analysis of solar photovoltaic power generation:A review. Smart Grid and Renewable Energy, 3(4):266–274.

Markandya, A., and Wilkinson, P. 2007. Energy and health 2:Electricity generation and health. The Lancet, 370(9591):979–990.

McFarland, A. and Chase, N. 2014. Several states are adding or increasing incentives for electric vehicle charging stations. Retrieved from http://www.eia.gov/today inenergy/detail.cfm?id=19151.

Nykvist, B. and Nilsson, M. 2015. Rapidly falling costs of battery packs for electric vehicles. Nature Climate Change, 5(4):329–332. doi:10.1038/nclimate 2564.

Plumer, B. 2014. A guide to Obama's new rules to cut carbon emissions from power plants. Vox. Retrieved from http://www.vox.com/2014/6/1/5770556/EPA-power-plant-rules-explainer.

Portand General Electric. 2015. Time of use:Pricing|PGE. Retrieved from https://www.portlandgeneral.com/residential/your_account/billing_payment/time_of_use/pricing aspx.

Ramsey, M. 2010. Plugging in:As electric vehicles arrive, firms see payback in trucks. Wall Street Journal, Dec. 8, 2010.

Ramsey, M. 2014. Why electric cars cick for Atlanta. The Wall Street Journal, June 5. 2014, p. 88.

Robinson, J., Brase, G., Griswold, W., Jackson, C., and Erickson, L. 2014. Business models for solar powered charging stations to develop infrastructure for electric vehicles. Sustainability, 6 (10): 7358-7387.

Rosen, L. 2014. New aluminum-air battery powered car travels 1 800 miles without a recharge. Retrieved from http://www.wfs.org/blogs/len-rosen/new-aluminum- air-battery-powered-car-travels-1800-kilometers-without-recharge.

Small, K. A. and Kazimi, C. 1995. On the costs of air pollution from motor vehicles. Journal of Transport Economics and Policy, 29(1):7.

Smith, D. 2014. Elon Musk may give away its Tesla Supercharger patents to spur electric car development. Business Insider, June 9, 2014.

Smith, K. R., Jerrett, M., Anderson, H. R., Burnett, R. T., Stone, V., Derwent, R., and Thurston, G. 2009. Health and climate change 5:Public health benefits of strategies to reduce greenhouse-gas emissions: Health implications of short-lived greenhouse pollutants. The Lancet, 374(9707):2091–2103.

The United Nations. 1992. Agenda 21. United Nations Conference on Environment and Development, Rio de Janero, Brazi.

The United Nations. 2012. The future we want. (No. A/RES/66/288). The United Nations.

Tulpule, P., Marano, V., Yurkovich., S., and Rizzoni, G. 2013. Economic and environmental impacts of a PV powered workplace parking garage charging station. Applied Energy, 108, 323–332. doi:http://dx.doi.org/10.1016/j.apenergy. 2013. 02. 068.

U.S. Department of Energy. 2014a. Retrieved from http://www.fueleconomy.org.

U.S. Department of Energy. 2014b. Third party solar financing. Retrieved from http://apps3. eere energy.gov/greenpower/onsite/solar financing shtml.

U.S. Erergy Information Administration. 2011. Direct federal financial interventions and subsidies in energy in fiscal year 2010. Retrieved June 2014 from http://www.eia.gov/analysis/requests/subsidy/.

US. Energy Information Administration. 2013. How dependent are we on foreign oil? Retrieved from http://www.eia.gov/energy_in_brief/article/foreign_oil_dependence. cfm.

U.S. Energy Information Administration. 2014a. Electric power monthly, Table 1.1. Net Generation by Energy Source:Total(all sectors), 2004–March 2014. Retrieved May 2014 from http://www.eia.gov/electricity/monthly/index.cfm.

U.S. Energy Information Administration, 2014b. U.S. refinery yield. Retrieved from http://www.eia.gov/dnav/pet/pet_pnp_pct_dc_nus_pct_a.htm.

U.S. Energy Information Administration. 2014c. Annual energy outlook 2014, table 58 (No. DOE/EIA–0383(2014)).

US. Energy Information Administration. 2014d. Average retail price of electricity to ultimate customers. Retrieved from https://www.eia.gov/electricity/monthly/epm_table_grapher.cfm?t=epmt_5. 3.

US. Energy Information Administration. 2014e. Monthly energy review. Retrieved May 28. 2014 from http://www.eia.gov/totalenergy/data/monthly/.

US. Energy Information Administration. 2014f. Product supplied for finished motor gasoline. Retrieved May 29, 2014 from http://www.eia.gov/dnav/pet/hist/Leaf Handler.ashx?=PET&s=MGFUS1&f=M.

UC Berkeley and UCLA release "the value of green labels in the California housing market" study findings. 2012. Health & Beauty Close-Up, n/a. Retrieved from http://search.proquest.com/docview/10276155317accountid=11789.

Uda, R. 2012. UCSD installs first electric vehicle charging station. The Guardian. Retrieved from http://ucsdguardian.org/2012/10/8/ucsd-installs-first-electric-vehicle-charging-stations/.

United States Environmental Protection Agency. 2014. Inventory of U.S. greenhouse gas emissions and sinks:1990–2012 (No. EPA 430-R-14-003).

Up to 90% of US cars could be "green" vehicles by 2030. 2011. Business and the Environment, 22(10):8.

Victoria Transport Policy Institute. 2009. Transportation cost and benefit analysis. Retrieved from. http://www.vtpi.org/tca.

Volta. 2015. Volta charging. Retrieved from http://www.voltacharging.com/home.

Waco, D. 2011. How long do solar panels last?Retrieved from http://www.civicsolar.com/resource/how-long-do-solar-panels-last.

Wadud, Z. 2011. Comparison of air quality-related mortality impacts of different transportation modes in the United States. Transportation Research Record, 2233:99–109. doi:10. 3141/2233–12.

Westar Energy. 2014. Time of use rate Voluntary pilot program. Retrieved from https://www.westarenergy.com/time-of-use-rate.

Ye, B., Jiang, J., Miao, L., Yang, P., Li, J., and Shen, B. 2015. Feasibility study of a solar-powered electric vehicle charging station model, Energies, 8:13265–13283.

Zhang, L., Brown, T., and Samuelsen, S. 2013. Evaluation of charging infrastructure requirements and operating costs for plug-in electric vehicles. Journal of Power Sources, 240:515–524.

# 10

# 可持续发展

Larry E. Erickson, Jessica Robinson, Jackson Cutsor, Gary Brase

一个星球就是一个实验室。

Edward O. Wilson

# 10 可持续发展

## 10.1 引　　言

可持续发展是本书的一个重要主题。太阳能充电站（SPCS）的基础设施是可持续发展的一小部分。在本章中，讨论可持续能源、交通、智能电网和太阳能充电站等主题，重点讨论可持续发展。

## 10.2 《巴黎气候变化协定》

2015年12月12日，《联合国气候变化框架公约》缔约方通过了《巴黎气候变化协定》（以下简称《巴黎协定》）。该协议旨在可持续发展和努力消除贫困努力的背景下，提高全球应对气候变化威胁的能力。目标是使全球平均气温较工业化前的水平升高控制在 2 ℃之内，并为把温升控制在 1.5 ℃内而努力。缔约方的目标是尽快达到温室气体排放量的全球高峰，并在 21 世纪下半叶达到温室气体的人为排放量和清除量之间的平衡（UNFCCC，2015）。

关于气候变化的《巴黎协定》很重要，因为对与温室气体排放有关的温度升高的目标进行了明确规定，许多国家都大力支持实现《巴黎协定》的目标。因为已经就全球气候变化目标达成了一致意见，所以社会动员对于实现每个国家的目标至关重要，可以使《巴黎协定》在更多的参与下向前推进。许多公民将从《巴黎协定》中获得希望，并采取行动帮助减少温室气体的排放。

21 世纪内大气中温室气体浓度不再增加的原因是认识到气候变化的重要性和采取行动的紧迫性。改变我们的社会和日常活动，以实现排放和清除排放之间的平衡，是联合国和世界公民面临的最大挑战。

交通电气化及用太阳能和风能发电是我们为实现《巴黎协定》的目标需要做的工作的例子。在世界各地的许多停车场安装太阳能发电站可以帮助许多国家在实现《巴黎协定》的目标方面取得进展。

## 10.3　联合国可持续发展目标

2015年年初,联合国可持续发展目标获得通过(United Nations,2015)。17项可持续发展目标如下(United Nations,2015):

① 消除全世界一切形式的贫困;

② 消除饥饿,实现粮食安全和改善营养,促进可持续农业;

③ 确保健康的生活方式,促使各年龄段人群幸福;

④ 确保包容和公平的优质教育,让全民终身享有学习机会;

⑤ 实现两性平等,为所有妇女、女童赋权;

⑥ 为所有人提供水和环境卫生并对其进行可持续管理;

⑦ 确保为所有人提供负担得起的、可靠的、可持续的现代的能源;

⑧ 促进持久、包容和可持续的经济增长,促进充分的生产性就业和人人获得体面工作;

⑨ 建设有风险抵御能力的基础设施、促进包容的可持续工业,并推动创新;

⑩ 减少国家内部和国家之间的不平等;

⑪ 建设包容、安全、有抵御灾害能力和可持续的城市和人类住区;

⑫ 确保可持续消费和生产模式;

⑬ 采取紧急行动应对气候变化及其影响;

⑭ 保护和可持续地利用海洋和海洋资源,以促进可持续发展;

⑮ 保护、恢复和促进陆地生态系统的可持续利用,可持续管理森林,防止荒漠化,制止和扭转土地退化,遏制生物多样性丧失;

⑯ 促进和平和包容的社会可持续发展,为所有人提供诉诸司法的机会,并在各级建立有效、负责和包容各方的机构;

⑰ 加强执行手段,重振可持续发展的全球伙伴关系。

我们可以将这些目标中的一部分与本书中的主题联系起来。目标 2 包括可持续农业,其中必须包括向可持续能源的转型。以可持续能源实现农业电气化,包括用于太阳能充电站供电的农用拖拉机和其他设备。

目标 3 包括良好的健康状态,与第 8 章及城市地区交通电气化对空气质量的好处有关。许多人的健康生活可以通过在太阳能电池板下提供遮阳的停车位及改善城市的空气质量来提高。

为所有人提供充足的可持续能源的挑战(目标 7)可以把在偏远地区使用的太阳能充电站作为满足离网家庭需求和交通的电源。太阳能充电站和电池储能在离网地区可以提供夜间照明和手机充电。为了支持《巴黎协定》,需要太阳能充电站向电网和电动汽车电池提供电力。

如果我们推进电力向风能和太阳能转型,以及向为电动汽车充电的太阳能充电站转型,在实现目标 8 所述的可持续经济增长目标的过程中,将会为许多人解决就业问题。

目标 9 包括建设有风险抵御能力的基础设施、促进包容的可持续工业。太阳能充电站、电动汽车、风能和太阳能在此处也适用。我们还可以预测,向这些技术的转型将促进进一步的创新。

目标 11 是使城市和人类住区可持续发展。清洁空气、电动汽车、太阳能充电站、可持续能源、良好的步行条件、自行车道和绿色空间都有助于实现这一目标。在建筑物和停车场上发电的太阳能电池板捕获太阳能并发电,这有助于在炎热的夏季降低城市环境温度。

目标 12 是实现可持续的生产和消费,这意味着必须将回收利用纳入向电动汽车和太阳能充电站过渡的过程。太阳能电池板回收、电池回收和电动汽车回收必须有一套标准流程。制造太阳能电池板、电动汽车和电池所使用的原材料也必须可供给子孙后代使用。

目标 13 与减少温室气体排放有关,这将由太阳能充电站和电动汽车的发展共同推进。

## 10.4 可持续发展的复杂性

走一条通向可持续发展的道路需要面对的挑战来自多方面,有许多复杂的系统难以优化。Sachs(2015)讨论了许多重要且复杂的议题和问题。他的

## 充电模式的变革：太阳能充电站

书包括关于可持续发展的许多方面重要信息，我们这里不包括这些信息，我们鼓励那些对可持续发展感兴趣的人阅读这本优秀的书。《巴黎协定》提供了一些详情和细节，说明了各国计划如何共同努力解决目标13的可持续发展问题，以应对气候变化及其影响（UNFCCC，2015）。

与减少温室气体排放有关的最大挑战之一是发展科学和技术，使得太阳能电池板、电动汽车和电池储能变得非常廉价，以至于公司和消费者在做出决定时都会发现它们是最佳选择。太阳能电池板、电池和电动汽车的新发展已经改变了世界，并且还有很多正在进行的研究。太阳能发电在德国已经取得了巨大的成功，从2015年1月至9月，美国并网的所有新的发电量中有30%是太阳能（GTM，2015）。Seba（2010，2014）预计太阳能将成为一个万亿美元的产业，Seba预计，到2030年电动车和可再生能源将取代太阳能，成为最具吸引力的选择。太阳能电池板和电池的成本预计将降低到比其他车辆更低的程度，太阳能发电成本将非常低且效率高。智能电网系统技术的发展将使电动汽车和太阳能发电站成为电网不可分割的一部分。与太阳能电池板和蓄电池的制造和安装有关的市场以数万亿美元计，世界上许多国家在这一领域都有进行学术研究和工业研发的机会。

简而言之，在即将到来的具有智能电网、太阳能发电站、储能及使用电动汽车和太阳能发电站的交通电气化方面，存在着巨大的机遇，还将有许多投资和就业机会，这将改变世界各地所有人的生活。

政府和政策在可持续发展中的作用非常重要。《巴黎协定》具有重要意义，因为它表明了领导人就其讨论采取行动的承诺。为了保持温升低于2℃，有必要采取更多步骤来实现协定的目标。政府对太阳能电池板和电池研发的支持，是在降低成本和提高这些产品质量的进展中的重要组成部分。世界各国政府应该继续支持对可再生能源、智能电网、电池、电动汽车和太阳能发电站的研究。

政府鼓励在可再生能源和交通电气化方面取得进展的激励措施是有益的。随着向可再生太阳能和风力发电的转型，需要继续鼓励政策的进步。为安装风力发电系统和太阳能发电系统提供的财政激励措施，对于支持这一新兴技术是至关重要的。由于廉价能源对产品出口和国际贸易非常重要，鼓励风能和太阳能发电的财政资助比对温室气体排放征收碳税更容易实现。

还需要解决目前以及潜在的发展障碍。例如，以公平的价格将安装在家庭和企业中的太阳能电池板接入电网是很重要的。由于智能电网、太阳能发电站的可靠性和重要性，电力公司在向可再生能源的巨大转型中面临着机遇与挑战。随着电力智能电网基础设施的发展，包括可再生发电、太阳能发电、储能、电动汽车充电等，以及消费者更多地积极参与使用分时电价，将会出现需要通过协商和批准的重要政策议题。管理电力公司的组织将面临新的挑战和责任，原因包括：分布式可再生能源发电技术、电力公司将在拥有太阳能发电站的停车场向电动汽车售电、电力公司会在太阳能发电站销售广告，以及电力公司会和拥有能将所发的电接入电网的太阳能电池板的业主之间达成协议。

重要的是，让各国政府、工业界和其他组织参与到交通电气化，进而推动智能电网和无温室气体排放发电的进程。在以往的可持续发展项目中，来自基金会、世界银行和慈善组织的财政支持是很宝贵的，需要财政资源促使向太阳能发电站、电动车和具有可再生能源及能源存储的智能电网过渡。

Sachs（2015）阐述了善政在实现可持续发展目标中的重要性。公司、基金会、政府单位、非政府组织和其他组织的行为规则应反映出良好的治理效果。大型跨国公司具有重要的影响力，其行为和行动是非常重要的。具体来说，问责制是善政的原则之一。如果所有组织都以支持可持续发展为目标，则应采取行动来实现其目标，报告进展情况并提供透明度，这就是问责的一个例子。许多不同的利益攸关方应该积极参与进来，以便在这些组织中鼓励和实施好的想法。在当今世界，多学科小组通常能够有效地完成任务。有效管理的多样性往往带来对社会有价值的重大进步。

《巴黎协定》涉及一个重要的经济外部性——温室气体排放。善政的原则之一是解决环境问题，使各组织不受损害，也就是说，它们的活动和业务不会造成严重的环境退化。不造成损害的道德责任既适用于个人，也适用于组织。

许多组织对可持续发展已经做出承诺，并作关于努力实现可持续进展的报告。各组织承诺遵循善政原则，支持实现《巴黎协定》各项目标的努力，这将是非常有益的。

中大型城市的城市环境面临着从现状向碳中性过渡的诸多挑战，即没有

## 充电模式的变革：太阳能充电站

温室气体净排放。装有太阳能发电站的停车场、建筑物上的太阳能电池板、公共电力交通、电加热器和空调、电动汽车和电动自行车将成为这些现代可持续城市环境的特征。通过城市规划使城市环境更接近于通往可持续城市的道路，城市的生活质量得到改善。

联合国可持续发展目标 4 是为每个人提供优质教育。教育是可持续发展最重要的方面之一，因为它影响到实现包括《巴黎协定》在内的许多其他可持续发展目标的进展。需要对智能电网进行有效的教育，使用户对分时电价做出正确的回应。在世界上有电池储能的太阳能电池板的那些人有意识地为那些没有电力的人提供廉价电力，由于附近没有电网，教育将是必要的。有了廉价的太阳能和廉价的电池储能，就可以实现持续发展目标 7（人人都能获得负担得起的、可靠的、可持续的现代能源）。然而，那些拥有自己的电力系统的人需要了解电力系统的设计和运行，以便他们能够查看和维护电力系统。

建立一个广泛教育制度的原因之一，是使尽可能多的人接受培训，使他们在支持完成《巴黎协定》和可持续发展目标的任务过程中成为积极的参与者。如果能向世界各地的所有人提供电力，就可以通过因特网和其他电子网络向每个人提供教育。通过对每个人的教育，人们可以在他们的生活中做出更明智、更负责任和更可持续的决策。这将创造一个良性循环。

当需要做出与可持续发展有关的决定时，需要有坚实的支持体系。应将社会价值、环境影响和经济因素纳入决策支持体系的发展。Goldin 等（2014）说明了如何在为电动汽车开发太阳能充电站时考虑这三条底线值。决策支持体系可以集成到智能电网中，从而实现有些决策的自动化。

## 10.5 总　　结

《巴黎协定》是向前迈出的一大步。该协议有利于动员个人、工业界、政府和其他组织通过合作来减少温室气体排放，同时努力实现可持续发展的目标。21 世纪将取得可持续发展的进步，使太阳能发电站和电动汽车更具吸引力和竞争力，从而使数以亿计的太阳能发电站和电动汽车能够在日常中使用。向电动汽车转型是汽车驱动系统的选择，这将极大地改变世界。这是向交通电气化和无温室气体排放发电转型的一部分。我们已经开始了这一转型。随着科学、技术、价格、新产品可用性和消费者行为的进步，这一转型的速度将会加快。教育将使更多的人参与这一伟大的转型。

## 参考文献

Goldin, E., I. Erickson, B. Natarajan, G. Brase, and A. Pahwa. 2014. Solar powered charge stations for electric vehicles, Environmental Progress and Sustainable Energy, 33: 1298–1308.

GTM. 2015. U.S. Solar Market Insight, GTM Research, SEIA; http://www.gtmresearch.com.

Sachs, J. D. 2015. The Age of Sustainable Development, Columbia University Press, New York.

Seba, T. 2010. Solar Trillions, Seba Group, San Francisco, CA.

Seba, T. 2014. Clean Disruption of Energy and Transportation, Clean Planet Ventures, Silicon Valley, CA.

United Nations. 2015. Transforming our world: The 2030 agenda for sustainable development, UN Division for Sustainable Development; https://sustainabledevelopment.un.org/.

UNFCCC. 2015. Paris Agreement, United Nations Framework Convention on Climate Change, FCCC/CP/2015/L. 9, December 12, 2015; http://unfccc.int/.

# 11

# 国际机遇

Jessica Robinson, Larry E. Erickson, Jackson Cutsor

---

在道义上做出重大改变是当务之急,也是不可避免的……我们认为理所当然的事情不该留给我们的孩子。

Al Gore

---

# 11 国际机遇

到 2050 年,地球上预计将有 90 亿～100 亿人口。这比 2015 年增加了 20 亿左右。人口的急剧增加将带来一系列连锁反应,而碳排放的增加就是其中的一个重要方面。随着发展中国家的人口以指数形式增长,所有资源,特别是能源,将面临巨大压力。还有关于历史上人类最后一次大规模迁徙的预测。这种迁徙是从世界各地的农村居住区向城市环境迁移。随着越来越多的人口生活在城市环境中,对电力和汽车的需求无疑会更大。文化承载力的提高带来了新的阻碍,同时也带来了很多解决问题的新机会。许多欧洲国家在绿色科技和发电方面处于领先地位。电动汽车应用量的增加将有助于实现 2015 年 12 月的《巴黎协定》,该协定是 190 多个国家为应对气候变化而做出的承诺。

电动汽车工业在不断进步。了解目前全球电动汽车和充电站基础设施的发展是很重要的。本章考察了欧洲、亚洲和大洋洲的主要国家的电动汽车情况。具体来说,本章审视了挪威、荷兰、法国、德国、丹麦、中国、日本和澳大利亚的电动汽车、政策、激励措施、充电站基础设施的现状以及可能的改进。

到 2014 年年底,全球销售的乘用车中只有不到 1% 是电动汽车。花费在电动汽车上的大部分资金都用于电动汽车的研究、开发和示范领域,其次是购买电动汽车的财政激励措施的制定,对充电站基础设施的投资较少。全球有 15 000 多个快速充电点和超过 94 000 个慢充电点。2014 年,美国在全球的电动汽车保有量中所占份额最大,为 39%;其次是日本和中国,分别为 16% 和 12%(Global EV Outlook 2015,2014)。

电动汽车倡议(EVI)是一个致力于在世界范围内越来越多地采用电动汽车的国际政策论坛。EVI 的成员包括来自非洲、亚洲、欧洲和北美的 16 个国家政府和国际能源机构。95% 以上的电动汽车保有量来自 EVI 成员国(Global EV Outlook 2015,2014)。截至 2015 年 6 月,可获得的最新信息是所列的各国的电动汽车和电动汽车供应设备(EVSE)保有量,以及政策和激励措施。

# 充电模式的变革：太阳能充电站

## 11.1　全球的电动汽车销量

欧洲、北美和中国的电动汽车销量如何比较？2015 年上半年，欧洲电动汽车销量领先，超过 78 000 辆，比中国多 34 000 辆，比北美多 25 000 辆。2015 年 6 月，欧洲售出了约 16 000 辆电动汽车，而中国售出了 10 000 辆，北美售出了 9 750 辆（Zach，2015）。欧洲目前是全球电动汽车销售的领先者。然而，对比各国的电动汽车保有量，美国远远领先，高达 275 000 辆，紧随其后的是日本和中国，分别为 108 250 辆和 83 200 辆。用 2014 年的数据比较公共充电站的保有量，中国以 30 000 个充电站排在第一位，接下来是美国的 21 800 个充电站和荷兰的 12 114 个充电站（Global EV Outlook 2015，2014）。当然，简单地比较电动汽车和电动汽车充电设备的保有量难以确定电动汽车的领先国家，因为国家有不同的人口规模、陆地面积和地理位置。然而，全球每个区域确实都有自己的优势和挑战。

## 11.2　欧　　　洲

### 11.2.1　电动汽车的最高销量

根据 2015 年 6 月的数据，欧洲销量的前三款电动汽车是三菱欧蓝德（Outlander）插电式混合动力电动汽车、日产聆风（Leaf）和雷诺佐伊（Zoe）（EV Sales，2015）。三菱欧蓝德插电式混合动力电动汽车比普通的电动汽车要大。它有 5 个座位，尺寸为 15 ft×5 ft。此外，雷诺佐伊是一款相对便宜的电动汽车，起价约 20 480 美元，拥有宽敞的车内空间。欧洲电动汽车销售量最高的国家是挪威和荷兰，其次是英国、法国和德国（EVolution，2014）。

## 11.2.2 政策

欧盟分别为轻型汽车制定了短期和长期的碳排放目标。截至 2012 年，欧盟宣布碳排放目标为 130 g $CO_2$/km，2020 年的碳排放目标为 95 g $CO_2$/km，2025 年的碳排放目标有可能为 68～78 g $CO_2$/km，这一目标将在 2016 年被最终确认。为了实现 2020 年的目标，原始设备制造商（OEM）需要将其车辆的碳排放量减少约 30%，这将促进交通电动化的发展（EVolution，2014）。为了提高电动汽车的使用率，欧盟各国政府正在投资建设电动汽车基础设施，并为司机提供补贴、税收减免和特殊驾驶特权等激励措施。

在欧洲，电动汽车共享计划在鼓励更多电动汽车的应用和使电动汽车与电动汽车供电设备更便捷方面发挥了重要作用。例如，法国、英国和德国均有汽车共享服务。在欧洲，汽车共享预计仍将是一项受欢迎的服务。在德国城市，40% 的年轻人（年龄在 18～39 岁）表示，他们未来将会更多地使用汽车共享服务。分析师预测，到 2020 年，欧洲的汽车共享用户将从 100 万增加到 1 500 万（EVolution，2014）。

欧洲 50% 的乘用车是拥有车队的，这为电动汽车的高使用率创造了潜力。Athlon 汽车租赁公司是欧洲最大的独立汽车租赁公司之一，并支持使用电动汽车。他们创建的名为"全充电"项目，为电动汽车提供了第一批租赁合同。他们还在 2011 年与特斯拉汽车公司达成协议，将特斯拉 Roadster、Roadster Sport 和 Model S 租赁给欧洲国家的司机。Athlon 汽车租赁公司和其他欧洲车队对电动汽车的应用已经产生了影响力（Tesla Motors and Athlon Car Lease，2011）。

欧洲委员会与 11 个欧洲国家和地区参与了一项名为"电动化"的计划。这一计划旨在增加关于能源效率和清洁车辆基础设施的研发，主要为项目提供了 2 000 万欧元的资金（Overview of E+Partners，2015）。欧洲委员会已经建立了另一个组织，即 TEN-T，以支持整个欧盟的运输基础设施的部署和升级，包括电动汽车基础设施。2014 年年底，TEN-T 宣布资助 ELECTRIC 项目。该项目将沿着连接瑞典、丹麦、德国和荷兰的主要高速公路建设 155 个开放的快速充电站。合作完成这一项目的五家公司分别是 ABB、Fastned、瑞典电力公司、电动化交通运营商 Öresundskraft AB 及德国测试和认证机构 VDE

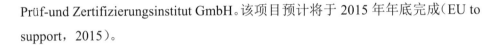

Prüf-und Zertifizierungsinstitut GmbH。该项目预计将于 2015 年年底完成(EU to support，2015)。

### 11.2.3 挪威

#### 11.2.3.1 2015 年的状况

挪威很大一部分电力来自水力发电。挪威与其他北欧国家建立了一个开放的电力市场。挪威在电价低时（夜间）进口电力，在电价高时（白天）出口电力（Market and Operation，2015）。

挪威拥有世界上人均最大的插电式混合动力电动汽车车队，电动汽车保有量超过 40 900 辆，且拥有超过 6 200 座公共充电站。2013 年电动汽车的市场份额为 7.3%，2014 年为 12.5%（Global EV Outlook 2015，2014）。该国的车队也是世界上最"干净"的车队之一，因为几乎 100% 的电力是水力发电（Countries，2015）。尽管挪威的面积相对较小，但它一直是欧洲应用电动汽车的"领头羊"。

#### 11.2.3.2 政策

在挪威的气候政策中，挪威将乘用车到 2020 年的二氧化碳排放目标设定为 85 g $CO_2$/km，比欧盟的标准低 10 g $CO_2$/km（EV Norway，2015）。该政策勾勒出鼓励使用电动汽车，以帮助实现排放目标的激励措施的轮廓（Sett 390 S，2012）。

挪威还有几项电动交通激励措施，如绿色汽车、ZERO 拉力赛、特隆赫姆（Trondheim）出租车和诺比尔（NOBIL）。绿色汽车的目标是到 2020 年让 20 万挪威人购买电动汽车。他们支持企业和市政车队引进电动汽车，并与原始设备制造商及进口商合作，确保有足够数量的电动汽车进入市场。ZERO 拉力赛是纯电动汽车、插电式混合动力电动汽车、氢燃料电池汽车的集会，会上展示这些汽车以提高意识和展示其实用性及用户友好性。特隆赫姆出租车项目是一个为期两年的联合项目，在一个出租车队中雇用 6 辆电动汽车，以评估电动出租车的实用性、经济效益及局限性。诺比尔是一个可公开访问的充电站数据库，允许用户使用免费标准化数据构建服务（EV Norway，2015）。

#### 11.2.3.3 激励措施

在挪威，电动汽车成功的一个有力证明就是政府提供给电动汽车司机的激励，总共约 17 000 欧元。提供的激励措施包括免费公共充电站、免费道路、免费渡轮、免费停车和使用公交专用道。此外，根据车辆的 $CO_2$ 和 $NO_x$ 排放量、影响和重量对其征收进口税，鼓励人们从高污染汽车向电动汽车转型。在 2018 年之前，与高税率的内燃机汽车相反，插电式混合动力电动汽车免除所有车辆税。此外，电动汽车公司的车辆税也降低 50%（EV Norway，2015）。汽车税的一部分用于将车队的汽车转型为清洁汽车（Sett 390 S 2012）。

原则上，大多数的激励措施在其他国家与挪威一样有效。然而，在实践中，其他国家可能难以像挪威那样采用同样普遍和一致的激励措施。

#### 11.2.3.4 基础设施

95% 的纯电动汽车和插电式混合动力电动汽车车主可以在家里充电，60% 的人可以在工作场所充电。2014 年，挪威全国共有 6 200 个公共充电站。CHAdeMO 安装了大约 80 个直流快速充电桩（3 级充电），特斯拉在挪威各地安装了约 140 个超级充电站（CHAdeMO，Tesla Motors，2015b）。特斯拉计划为所有充电站安装太阳能发电设备。挪威目前的太阳能充电站似乎并不多，尽管一些充电站的电力由站外的太阳能发电来补充。

#### 11.2.3.5 问题和改进措施

挪威政府提供的诱人的激励措施带来了电动汽车的高使用率，超过了电动汽车供电设施和太阳能充电站等基础设施的安装率。大多数的挪威人生活在首都奥斯陆，但那里只有 500 个公共充电站，需要安装更多的充电站，以满足挪威日益增长的电动汽车需求。

尽管挪威的激励措施取得了值得称道的成功，但也带来了负面影响。挪威的公交车道现在行驶的主要是电动汽车，而不是公共汽车。2014 年 12 月的一天，首都的公交车道上行驶的车辆中，75% 是电动汽车，而只有 7.5% 的车辆是公共汽车。随着挪威电动汽车数量的增加，这一问题只会扩大。

挪威在电动汽车使用和政府的激励方面领先于世界，但缺乏充电站基础设施，特别是太阳能充电站。尽管挪威几乎 100% 的电力是水电，但太阳能除了提供清洁能源之外，还提供了额外的好处。太阳能发电抵消了电网上电动汽车的充电负荷。此外，太阳能发电可以在白天为电动汽车充电，而不会减少向其他国家输出的电量。如果太阳能发电有多余，可以储存在电池中用于电动汽车夜间充电，以减少进口的电量。此外，存储的太阳能也可用作备用电源，以防停电。即使在寒冷的冬天，太阳能在挪威仍然有潜力。风能是另一个可以与充电站结合使用的潜在能源。

### 11.2.4 荷兰

#### 11.2.4.1 2015年的状况

荷兰拥有超过43 760辆电动汽车和12 100个电动汽车充电设备。该国的目标是到2020年拥有20万辆电动汽车，到2025年拥有100万辆电动汽车（Global EV Outlook 2015，2014）。截至2015年6月，荷兰的插电式混合动力电动汽车售量约占欧洲的25%（Kane，2015）。2013年和2014年，荷兰国内电动汽车占全部汽车市场份额的4%~5%（Mock和Yang，2014）。

#### 11.2.4.2 政策

荷兰政府于2009年启动了"国家电动汽车行动计划"，以使荷兰成为世界电动汽车的领军者。政府用于这一计划的开支约6 500万欧元。为了进一步鼓励使用电动汽车，荷兰拥有欧盟国家中最高的汽油税率。事实上，这是欧盟汽油税率最低的保加利亚的两倍（Heymann，2014）。更广泛地说，荷兰的目标是到2020年将温室气体（GHG）的排放降低到1990年排放水平的75%以下，鼓励电动汽车的应用有助于这一目标的实现（Climate Case，2015）。

#### 11.2.4.3 激励措施

荷兰政府和许多城市提供激励措施，以鼓励应用电动汽车。全电动租赁汽车的所得税增加幅度在0~14%，而2013—2015年燃机汽车增加了14%~25%。然而，这一减税措施将在2016年结束，而插电式混合动力电动汽车的所得税增加额将增加到14%~21%。阿姆斯特丹提供包括补贴和福利在内的额外激励措施。该市为购买电动汽车提供补贴，乘用车为5 000欧元、出租车为10 000欧元、卡车为40 000欧元。阿姆斯特丹还允许电动汽车在没有停车许可证时停车和在某些停车场免费充电，也无须缴纳登记费或年度流通税（Evolution，2014）。

此外，荷兰电动汽车投标联盟（DC-TEC）在2011年为购买至少10辆电动汽车的参与公司提供了帮助。目标是以相当于内燃机汽车的价格提供至少3 000辆电动汽车，以鼓励车队最初采用电动汽车（Countries，2015）。

## 11.2.4.4 基础设施

2009 年,荷兰制定了开放充电站点议定书(OCPP),这是 50 个国家和超过 10 000 个充电站接受的一项议定书。OCPP 的目标是确保电动汽车在世界各地不同充电网络之间的灵活性,在充电站和管理系统之间提供具备可接入性、兼容性和统一性的通信。开放充电站点联盟是由电动汽车充电软硬件供应商、充电网络运营商和供应商组成的行业联盟,他们决心维护和促进 OCPP 的全球发展(Open Charge Alliance,2015)。

ElaadNL 和 EVnetNL 共同努力,在荷兰为电动汽车建立了一个具有超过 3 000 个公共充电站的网络。这些举措协调公共充电点的连接,使得荷兰不同的充电网络运营商和管理者能够协作(ElaadNL,2015)。E-laad 基金会在 2010 年发起了得到区域内的电网运营商支持的财团,以增加电动汽车基础设施。目标是发展 10 000 个公共充电点。市政府可以申请多达 2 000 个充电点,而电动汽车使用者可以申请 8 000 个充电点。合作的电网管理人员为这些充电站设施的安装提供了 2 500 万欧元的预算。电动汽车司机可以要求在他们的家、工作场所或不同地点安装一个电动汽车充电站,在允许的时间长度内可以免费安装(Countries,2015)。

荷兰有一家成功的充电站公司是法斯廷德(Fastned),其 3 级充电的快速充电站安装有能缓解电力需求的太阳能顶棚,如图 11.1 所示。该公司计划在主要的高速公路沿线建设约 200 个充电站,目标是到 2015 年年底完成约一半的工程。公司通过投资和用户定价计划在财务上得以维持。法斯廷德通过几项激励措施已获得了大约 1 500 万欧元的投资。首先,法斯廷德提供每股 10 欧元的证书作为公司股份,并允许证书持有人参加证书持有人会议,并对 FAST 董事会成员投票。这一制度允许几乎任何人购买一份股票,如果愿意,他们可以发表意见。其次,法斯廷德为那些购买超过 2 500 股的股东提供了成为法斯廷德创始人俱乐部会员的待遇,提供会员终身免费充电服务。这个会员的好处是能鼓励更多的公司投资,为充电站发展提供资金。定价计划也为法斯廷德公司提供资金,允许消费者选择每千瓦时的支付价格或订购计划。法斯廷德预计,当大约 50 000 辆电动汽车使用他们的充电网络时,将达到盈亏平衡点。他们的商业模式类似于特斯拉的超级充电站模式,因为他们专注于 3 级充电、太阳能发电和建立充电站网络(Fastned,2015)。在全国只有几个特斯拉超级充电站（截至 2015 年 7 月仅有 5 个充电站），未来这些充电站也将使用太阳能（Tesla 汽车公司，2015b）。

图 11.1　法斯廷德公司不断增加的由可再生能源供电的充电网络

（照片来源：法斯廷德快速充电站 Vundelaar，Roos Korthals Altes）

2015 年 6 月，Stedin 与乌特勒支市（Utrecht）及其他合作伙伴一起，在荷兰安装了第一个具有汽车到电网（V2G）充电能力的太阳能充电站（World Premiere Utretcht, 2015）。这种充电站可以将太阳能存储在电动汽车的电池中，并在必要的时候输入电网。

荷兰在充电站基础设施建设方面取得了巨大进展。该国正在建设许多 3 级充电站的基础设施，将其装在有利地点，并将大量充电站与太阳能连接起来。荷兰也开始建设具有 V2G 技术和太阳能发电功能的充电站（Amsterdam Electric, 2015）。该国将继续这条进步的道路，以满足电动汽车的日益增长的需求，并为未来做好准备。

## 11.2.5　英国

### 11.2.5.1　2015 年的状况

英国拥有 21 430 辆电动汽车和 2 870 个电动汽车供电设备（Global EV Outlook 2015, 2014）。在西欧，2015 年的前四个月销售的全部插电式混合动力电动汽车中的 40.6% 卖给了英国人。英国和荷兰合计占欧盟插电式混合动力电动汽车销量的 67% 以上（Kane, 2015）。

英国主要使用化石燃料、煤和天然气发电。核能发电约占 15%，可再生能源发电约占 7%。英国的电力系统与法国及爱尔兰相连接，允许在最经济的时候进口和出口电力（Electricity Generation, 2015）。

#### 11.2.5.2 政策

英国的目标是到 2050 年的温室气体排放量至少比 1990 年的排放量减少 80%。2011 年，英国制定了碳计划，其中包括若干交通行动。其中一项是在 2011—2015 年为电动汽车充电基础设施的建设、研究和发展提供 4 亿英镑的资金，以支持超低排放车辆。碳计划还包括电力火车路线和为低碳排放公共汽车及重型货车提供资金。政府还有一个额外的目标，即到 2050 年，所有汽车和货车都将成为零排放车辆（2010 to 2015 government policy，2015）。

#### 11.2.5.3 激励措施

为了支持电动汽车的销售，英国政府根据汽车价格向汽车排放低于 75 g $CO_2$/km 的车主提供 4 000~7 000 英镑的一次性补贴。政府分别为插电式乘用车和插电式货车提供购车价格 35%（最高 5 000 英镑）和 20%（最高 8 000 英镑）的补助。此外，伦敦市免除电动汽车司机在拥堵收费区开车时的拥堵费和道路税（Evolution，2014）。

#### 11.2.5.4 基础设施

英国有超过 57 500 个公共充电站。随着英国电动汽车销售量的持续增长，充电站的安装量必须随之增加。英国还有几项支持充电站基础设施建设的举措。例如，充电场所（PIP）的设计未来能刺激几个交通枢纽充电站的开发。政府为这个计划提供了数百万英镑，为全国数千个免费充电点的建设提供资金，并提供免费充电服务。一旦该计划在 2014 年结束，充电站公司将开始收取充电站的使用费。为政府提供咨询的气候变化委员会预测，到 2020 年英国应有能力支持近 200 万台电动汽车使用的充电基础设施，成本为数亿英镑（Countries，2015）。政府的重点是建设家庭充电站和工作场所充电站。国家规划政策框架鼓励地方当局考虑在国内新的发展项目中实施包括充电站基础设施的政策。此外，电动汽车充电站获准开发，这就意味着欲建设充电站的土地所有者自动获得规划许可，使安装过程更简单和快捷（Making the connection，2011）。

Ecotricity 是英国的一家电力公司，仅使用清洁能源，主要是风能，但也有一部分太阳能、潮汐能和沼气。他们是一家不分红公司，意味着他们没有股东。相反，他们的资金来源于客户的能源账单。该公司为家庭和企业提供动力和热能，并在英国的高速公路沿线建设一个以清洁能源为动力的电动汽车充电站网络。在 Ecotricity 网络中，有 100 多个充电站。其他网络的刷卡也适用于这些充电站。目前充电站可供所有客户免费使用，但今后可能会收费（Ecotricity，2015）。

Green Motion 是一家汽车和货车租赁公司，旗下有电动汽车、插电式混合动力电动汽车和混合动力电动汽车。充电站酌情使用太阳能或风能（Green Motion，2015）。此外，还有几个特斯拉超级充电站分布在全国各地（Tesla Motors，2015b）。

#### 11.2.5.5　问题和改进措施

伦敦一直难以维持城市充电站的功能。从 2014 年开始，一直持续到 2015 年，20%～30% 的伦敦公共充电站在任何特定时间都一直处于维修停用状态。由于城市的车库和车道停车有限，路边充电是电动汽车车主的主要充电模式。最近收购了 Source London 的私人运营商 Bluepoint 负责修复该网络，至今仍然在努力修复中。糟糕的充电站网络维护影响了电动汽车司机、电动汽车销售及租赁公司等计划在车队中增加电动汽车的公司（Sharman，2015）。Bluepoint 需要为伦敦的充电站采用更好的维护维修系统，以支持电动汽车行业的发展。

此外，英国没有太多用太阳能或其他可再生能源形式供电的充电站，应在全国各地建造和布局更多的太阳能充电站。如果做不到，电动汽车主要使用化石燃料充电，仍然有碳排放。

### 11.2.6　法国

#### 11.2.6.1　目前状况

政府的目标是到 2020 年拥有 200 万辆电动汽车。几家汽车制造商和汽车服务公司正在带头推动这一目标的实现，并承诺生产或购买大量的电动汽车（Countries，2015）。

La Poste 是法国的一家邮政服务公司，拥有法国最大的企业车队和世界上最大的电动汽车队。该公司目前有 5 000 辆电动汽车，计划总共部署 10 000 辆电动汽车。La Poste 还在 2015 年对增程式氢能电动汽车进行测试，并评估其可行性（Le Groupe La Poste，2015）。该公司在推动法国电动汽车的应用方面发挥了巨大的作用。

## 11.2.6.2 政策

法国有一个 14 点计划，鼓励使用混合动力电动汽车和电动汽车。计划包括：2010 年建设充电站基础设施，预算为 7 000 万欧元；雷诺在弗林斯（Flins）建设一个年产量超过 100 000 只电池的锂离子电池工厂；在 2012 年或晚些时候建成的办公室和住宅整合充电站，以及回收利用电动汽车退役电池（Detailed presentation，2012）。

从 1990 年至 2012 年，法国的温室气体排放减少了 13%。然而，这段时间内交通运输部门造成的排放量并没有减少。2015 年 7 月，法国通过了能源转型法，旨在降低对法国环境产生的影响，特别是在能源和排放方面。该法律要求在 1990 年至 2030 年期间减少 40% 的温室气体排放量，并在 2050 年前进一步减少 25% 的排放量。到 2020 年，法国对化石燃料的税收将翻两番。此外，该法律呼吁该国到 2050 年能源消耗量削减 50%，并将可再生能源在能源结构中的占比提高到 32%。截至 2015 年，该国的能源结构以核能为主，少部分的可再生能源及化石燃料为辅。"能源转型法"还致力于发展法国的清洁交通和节能出行。该法律中指出车队及公共机构应有 50% 的汽车是清洁汽车，并宣布法国将部署 700 万个电动汽车充电站。自 2010 年以来，政府已经实施了一些基础设施方面的条款，例如允许地方政府建造充电站，并且责成他们在公共停车场安装充电站，在工作场所和购物中心为电动汽车保留一定数量的停车位和充电站，并要求建筑商根据居民的要求安装充电站（Energy: energy，2015）。

## 11.2.6.3 激励措施

排放 20 g $CO_2$/km 或更少的汽车可获得 6 300 欧元的补贴，排放量为 20～60 g $CO_2$/km 的汽车可获得 4 000 欧元的补贴，排放量为 61～110 g $CO_2$/km 的汽车可获得 2 000 欧元的补贴。此外，排放低于 110 g $CO_2$/km 的混合动力电动汽车，在注册后的前两年免征公司汽车税。所有电动车辆都完全免税（Overview for purchase and tax incentives，2015）。此外，法国政府给一辆 13 年及更久的柴油车换购一辆电动汽车的司机提供高达 3 700 欧元的补贴，并为换购插电式混合动力电动汽车的司机提供 2 500 欧元的补贴（Ayre，2015a）。除了国家激励措施外，居住在 Haute-Normandie 地区并购买电动汽车的司机也将获得 5 000 欧元的个人补贴和高达 25 000 欧元的公司或社区补贴。该地区

## 充电模式的变革：太阳能充电站

购买电动汽车的学校也将获得车辆价格 70% 的财政支持和建造充电站基础设施的总成本支持（Gordon-Bloomfield，2014）。

**11.2.6.4 基础设施**

政府希望到 2030 年前安装 700 万个充电站。为了达到这一目标，法国在 2009 年制定了关于扩大充电站基础设施战略路线图。确定了三个关键参数：为充电站制定标准以确保通用性和灵活性，为车辆和基础设施开发长期、可行的经济和商业模式，以及使基础设施供应与需求相匹配。政府认识到在 2020 年之前的发展初期对技术研究提供支持的重要性。在此之后，直到 2050 年，可行的商业模式将开始只支持该行业（Strategic roadmap，2015）。

Autolib'在建设法国充电站基础设施和提高人们使用电动汽车认知度方面发挥了重要作用。Autolib'由巴黎市和博洛尔市（Bolloré）创建，是一家位于巴黎的电动汽车共享服务商，允许客户支付定金后在整个城市驾驶一辆电动汽车 Bluecar，并停在指定停车点。每个停车点都有一个充电站。现在巴黎有超过 2 200 台 Bulecar 和 4 300 个充电站。有些其他的电动汽车也可以使用 Autolib'的充电站，包括日产 Leaf 和三菱 I–Miev。博洛尔市已在法国里昂创建了类似的汽车共享服务，并将很快拓展到伦敦（Autolib'，2015）。该公司帮助建设了法国（很快将是伦敦）一部分的充电站基础设施，提高了电动汽车关注度和人们的电动汽车意识，并使成千上万的客户体验操作电动汽车的乐趣。Autolib'在巴黎已经实现了电动汽车的标准化。另一家初创公司 AdvanSolar 将在法国安装太阳能充电站。目前，在尼斯（Nice）市安装了一个 AdvanSolar 充电站（Advansolar，2015）。

Eco2Charge 是法国的一个正在发展的项目，由布伊格（Bouygues）能源与服务公司和 8 个合作伙伴合作完成，旨在增加电动汽车充电站基础设施。该项目的重点是电动汽车电池的再利用，将在电动汽车上初次使用的电池作为充电站的本地能量存储系统。当电价较低时，电池在夜间存储电能，然后在白天利用存储的能量为汽车充电。这些充电站主要位于工作场所、停车场、校园和其他车队停车场。将在 2016 年年底开始安装。回收电动汽车的退役电池是一种经济有效的储能方法。原则上，如果充电站增加太阳能电池板，该项目可以进一步改善。除了电池以外，太阳能将在白天为插电式混合动力电动汽车充电，以减少对电池的依赖，并使更多的电动汽车能够充电。Eco2Charge

计划更广阔的未来应用，包括公共事业规模的储能系统，其中大型太阳能或风力发电站与 50+回收的电动汽车电池相连。然后该系统可以利用存储的可再生能源，根据全电网的需求运行，例如在高峰期向电网增加输送电力（Eco2charge，2015）。最后，特斯拉在法国也有业务，安装了几台超级充电站（Tesla Motors，2015b）。

#### 11.2.6.5 问题和改进措施

法国的太阳能充电站很少。虽然一些公司正在努力部署更多的太阳能充电站，但需要更大的支持。用太阳能为更多的充电站供电将减少电网的压力，并且有利于达到法国能源转型法中的要求，即将可再生能源在能源结构中占比提高至 32%。

### 11.2.7 德国

#### 11.2.7.1 目前状况

德国的目标是到 2020 年有 100 万辆电动汽车上路。截至 2014 年年底，德国共有 24 420 辆电动汽车和 2 820 个电动汽车充电设备（Global EV Outlook 2015，2014）。

化石燃料、可再生能源和核能是德国电力生产的主要能源。德国计划逐步淘汰核电。

#### 11.2.7.2 政策

德国的目标是到 2020 年减少 40% 的温室气体排放量，2050 年与 1990 年水平相比，至少减少 80%（Energy concept，2015）。向可再生能源的电动汽车转型是该国实现这些目标的主要战略。到目前为止，德国已经实现了这一目标。德国、法国和意大利是欧盟新注册乘用车的碳排放量削减幅度最大的（EVolution，2014）。每个德国汽车制造商在市场上都有混合动力电动汽车，并且提供或正在开发纯电动汽车（Countries，2015）。

四个部委参与了德国电动汽车的发展：联邦经济技术部（BMWi），联邦交通、建筑和城市发展部（BMVBS），联邦环境、自然保护和核安全部（BMU），以及联邦教育和研究部（BMBF）（Countries，2015）。

德国已经制定了国家电动交通发展计划，以提高该国的电动交通水平，并帮助实现 2020 年 100 万辆电动汽车的目标。该计划的重点是资助研发并实施不同的市场策略，以推动电动汽车的应用。国家电动交通平台将科学家、政治家和行业工人聚集在一起，以实现国家电动交通发展计划目标。德国的目标是成为电动汽车领域的主要市场和供应商（National Electromobility Development Plan，2015）。

德国到 2020 年将拥有 100 万辆电动汽车的目标分为三个阶段：研究和开发阶段（2014）、利用汽车和基础设施政策的市场扩张阶段（2017）和启动大众市场阶段（2020 年）（Vergis 等，2014）。

#### 11.2.7.3 激励措施

政府在第二经济刺激计划中，将 5 亿欧元用于电动汽车和基础设施的开发和商业化。政府认为不用向消费者提供购买电动汽车的激励措施，但最终决定提供税收补贴，以刺激更多的应用电动汽车。在 2015 年 12 月 31 日之前上牌的所有纯电动汽车将免税 10 年，在 2016 年 1 月 1 日至 2020 年 12 月 31 日之间上牌的纯电动汽车将免税 5 年（Block，2015；Countries，2015）。

2015 年年初通过的《电动交通法案》，规定市政府有权向电动汽车用户提供特殊优惠。优惠包括对污染敏感地区保留停车位并经常免费停车、使用公交专用道及污染敏感地区的特别过境通行证（Tost，2014a）。

#### 11.2.7.4 基础设施

国家电动交通发展计划中的一个项目就是在试点地区使用电动交通工具，该计划的重点是在德国建设充电站基础设施。政府已经为这个计划的 8 个基础设施试点地区拨款 1.3 亿欧元。目前该计划已经安装了 2 000 多个充电站。汽车共享服务也建造了充电站基础设施。Flinkster 汽车共享服务在德国 140 多个城镇开展。车队拥有 500 多辆电动汽车，充电网络有 800 多个充电站（EVolution，2014）。

为了增加充电站的基础设施，政府已经聘请了公路服务提供商 Autobahn Tank & Rast GmbH，在 2017 年年底前在高速公路沿线建设 400 个快速充电点（Cremer 等，2014）。

欧洲的公共电网 RWE 已经帮助开发了欧洲最大的公共充电网络。RWE 和其他主要的德国公共事业公司正在与汽车制造商和公司合作，以增加充电站基础设施。RWE 正在与戴姆勒合作，在一家名为 E-mobility Berlin 的合资公司安装 500 个由可再生能源供电的智能充电站。除了监测电费和电池状态之外，这些充电站还允许消费者将电动汽车充电成本直接计入他们的电费账单中（RWE-Mobility，2015）。Hubject 是另一个与宝马和戴姆勒两个汽车制造商、公共事业公司 EnBW、RWE、博世（Bosch）和西门子（Siemens）公司合作的项目。Hubject 建议开放式互充电协议（OICP），该协议允许在电动汽车与其驾驶员、充电站和公用设施之间进行信息交换。Hubject 网络主要在德国，但在比利时、奥地利和芬兰等邻国也有业务（Masson，2013）。

总部位于柏林的 Younicos AG 公司有一个名为 Yana 的太阳能充电站。该充电站有一个跟踪太阳的太阳能电池阵列和一个 100 kWh 的电池用于存储太阳能。这个充电站可以同时给多达 8 辆电动汽车充电。Younicos 在充电站上展示广告，为安装者带来额外收入（Solar charging station，2010）。最后，特斯拉计划其超级充电站网络在 2015 年年底之前在全国完全覆盖，总共安装 40～50 个超级充电站（Tesla Motors，2015b）。

#### 11.2.7.5 问题和改进措施

德国计划到 2014 年有 100 000 辆电动汽车上路，但目前只有 24 420 辆。缺乏激励措施和基础设施是电动汽车使用率低的两个原因。电动汽车国家平台（NPE）评价了德国电动汽车在 2014 年年底取得的进展，并建议采取措施实现其成为电动交通领域内领先的制造商和使用者的目标（Tost，2014b）。所提出的建议鼓励使用者为商业用户减免税收、实施《电动交通法案》、建造公共充电站基础设施、尝试公共和私人购买电动汽车，以及在德国制造电池。德国于 2015 年年初通过了《电动交通法案》，并将监测对电动汽车销售的影响。另外，还应采纳额外的 NPE 建议，特别是建设公共基础设施。德国还应将重点放在充电基础设施与太阳能电池板的结合上，因为德国减少温室气体排放的主要战略是增加使用电动汽车和可再生能源（Tost，2014a）。

### 11.2.8 丹麦

#### 11.2.8.1 目前状况

丹麦的目标是在未来摆脱化石燃料，实现能源独立。丹麦计划将风力发电与电动汽车及 V2G 技术相结合，以满足电力和交通需求。截至 2014 年 12 月，丹麦拥有 2 800 辆电动汽车和 1 720 个电动汽车充电设备（Countries，2015）。

#### 11.2.8.2 政策

在丹麦能源协议中,丹麦的目标是到 2020 年将二氧化碳排放量减少至比 1990 年的水平低 34%。丹麦还有一个目标,到 2020 年将可再生能源的能源份额提高到 35%。目前风力发电占比 20% 以上,但丹麦能源协议还包括到 2025 年将这一比例提高到 50% 的目标。该协议还确定了未来对智能电网的需求,即增加了可再生能源发电和电动汽车。该协议呼吁制定智能电网战略和节能汽车推广战略,将拨款 940 万欧元用于电动汽车、氢气和天然气基础设施的建设(Addressing climate change,2015)。

2008 年,丹麦议会签署了一项气候与能源协议,从而促成丹麦电动汽车推广计划。作为协议的一部分,丹麦能源署为管理的电动汽车电池示范项目拨款 400 万欧元。该计划旨在听取用户对电动汽车的反馈,发现电动汽车推广的障碍。第二年,丹麦交通管理局成立了绿色交通中心,以管理可持续交通运输。该中心开展示范项目,提升人们环保意识的,推广节能交通的解决方案,并对利用电动汽车和替代燃料的项目进行测试。这些项目的例子包括混合动力公交车测试和分时租赁电动汽车。由丹麦输电系统运营商 Energinet.dk 管理的 EDISON 项目也于 2009 年开始为电动汽车和插电式混合动力电动汽车开发系统解决方案和技术。该项目将研究机构与行业联系起来,开展研究、开发和示范运营。然而,丹麦的大多数研究都是针对混合动力电动汽车和氢燃料电池开展的。

丹麦电动汽车联盟是整个电动汽车价值链上的公司联盟,包括能源公司、充电站基础设施运营商和电动汽车制造商(Countries,2015)。该集团致力于促进丹麦电动汽车的发展,同时代表成员公司的利益(Mission,2015)。

#### 11.2.8.3 激励措施

激励措施包括对质量不足 2 000 kg 的燃油汽车征收 25% 的增值税(VAT),并根据油耗免除注册费和年度流转税。纯电动汽车的总补贴约为 15 500 欧元(私人)或 3 300 欧元(公司),插电式混合动力电动汽车约为 22 800 欧元(私人)或 3 400 欧元(公司)。与大多数国家不同,丹麦对私人用户的激励高于公司。然而,这种不同的激励策略似乎并未奏效,因为与其他国家相比,丹麦电动汽车的应用率较低(Mock 和 Yang,2014)。

#### 11.2.8.4 基础设施

CLEVER 是一家丹麦公司，建立了丹麦第一个全国性的快速充电网络。这些充电站建在诸如高速公路、购物中心、餐馆、工作场所和家里等方便的地方。CLEVER 承担了由丹麦能源署支持的北欧最大的研究项目 Test-an-EV。该项目有 200 辆电动汽车，1580 名参与者开车并报告了他们 3 个月的驾驶感受。大多数车在家里充电。71% 的项目参与者对电动汽车持肯定态度。用户认为车辆续驶里程满足他们的日常驾驶需求。CLEVER 还与几家不同的实体合作建立了充电站网络，包括大众汽车制造商、壳牌石油公司和瑞典电力公司 Öresundskraft（CLEVER，2015）。

E.ON 是另一家建设丹麦充电站基础设施的公司，截至 2015 年，有 700 个充电站。这些车辆充电所用的电力是可再生的，因为该公司利用水力发电。E.ON 在城市、家庭和企业中安装充电站（About E.ON，2015）。特斯拉也在丹麦安装了几个超级充电站（Tesla Motors，2015b）。但是，CLEVER 和 E.ON 是丹麦基础设施的主要建设者。

#### 11.2.8.5 问题和改进措施

丹麦的电动汽车和电动汽车充电设备保有量较低。该国的人口规模与挪威的相当，但 2014 年年底电动汽车比挪威的少 38 000 辆，电动汽车充电设备少 4 500 多个（Global EV Outlook 2015，2014）。为了赶上其他国家，丹麦必须增加充电站基础设施的数量，特别是太阳能充电站，并鼓励更多的人使用电动汽车。

## 11.3 亚　　洲

亚太电动车协会（EVAAP）是一个国际会员组织，致力于促进电动汽车和混合动力电动汽车在亚太地区的应用和发展。亚太电动车协会在成员之间交换相关信息，与具有相似目标的其他国际组织合作，并说服政府和教育公众。

亚洲国家的电动自行车和电动摩托车的使用率高。这些车辆节省燃料，在拥挤的交通中易于驾驶且比汽车更便宜。中国是电动自行车和电动摩托车的最大市场，印度是第二大市场。电动自行车是中国最受欢迎的大批量生产的替代燃油汽车的交通工具，每年销售超过 2 000 万辆（Bae 和 Hurst，2012）。即使电动自行车每小时只能行驶 20~30 mile，但价格比电动汽车低很多，价格从 1 000 美元起步（Timmons，2013）。然而，在大多数其他的亚洲国家，汽油两轮车仍然比电动车受欢迎（Bae 和 Hurst，2012）。

尽管电动自行车和电动摩托车的使用率很高，但在亚洲国家乘用车仍然广泛使用。重要的是，要考虑电动汽车的进展和可实施性的改进，以鼓励更多的应用电动汽车。

### 11.3.1 中国

#### 11.3.1.1 销量最好的电动汽车和插电式混合动力电动汽车

截至 2015 年 6 月，中国销量排名前三的电动汽车分别是比亚迪秦插电式混合动力电动汽车、北汽 E 系列电动汽车和众泰云（EV Sales，2015）。比亚迪秦作为一款国产汽车，自 2014 年以来一直主导着中国电动汽车市场。比亚迪秦的尺寸与三菱欧蓝德插电式混合动力电动汽车相当。比亚迪汽车公司正在与特斯拉竞争。比亚迪 e6 是中国第二大畅销的电动汽车车型，2016 款续驶里程为 250 mile，接近特斯拉 Model S 270 km 的续驶里程，但是价格要低 20 000 美元。此外，比亚迪正在建设一个可以与特斯拉 Gigafactory（世界上最大的电池厂）竞争的电池厂（DeMorro，2015b；Shahan，2014）。

2014 年，中国电动汽车销量排名前五的国内电动汽车制造商分别是比亚迪、康迪、奇瑞、众泰和北汽。总体而言，中国制造的电动汽车似乎是在中国销售的主要汽车，超过特斯拉和其他国外制造商（Tillemann，2015）。

#### 11.3.1.2 目前状况

截至 2014 年年底，中国拥有 83 200 辆电动汽车和 3 万个电动汽车充电设备，2014 年电动汽车保有量占全球的 12%，位居世界电动汽车保有量第三位（Global EV Outlook 2015，2014）。截至 2014 年年底，中国还有 36 500 辆电动大巴和 230 000 000 辆电动自行车（Global EV Outlook 2015，2014）。预计到 2018 年，中国电动两轮车的销量将超过 3.5 亿辆（Bae 和 Hurst，2012）。《2015—2016 中国电动汽车充电站和充电桩报告》中指出，2014 年中国电动汽车市场蓬勃发展得益于特斯拉（China electric vehicle，2015）。尽管插电式混合动力电动汽车的总运营成本较低，电动汽车和插电式混合动力电动汽车预计将继续获得相对平等的补贴（Gao 等，2015；Krieger 等，2012）。

中国的主要电力来源是煤炭，其次是水电、天然气、核能和其他可再生能源。中国生产的电力中，有 26% 是可再生的（China，2015）。

#### 11.3.1.3 政策

中国的目标是到 2030 年或之前达到二氧化碳排放峰值，到 2030 年将国内生产总值（GDP）的碳排放强度比 2005 年水平降低 60%～65%（Climate Action Tracker，2015）。国务院《关于节能与新能源汽车产业发展的通知》（2012—2020）要求，到 2015 年生产和销售 50 万辆电动汽车和混合动力电动汽车，到 2020 年生产和销售 200 万辆电动汽车。中国未能实现 2015 年目标，且好像并没有朝着实现 2020 年产销量目标的方向迈进。只有现有的中国汽车制造商才有资格生产电动汽车，直到 2015 年年初，国家发展和改革委员会（NDRC）修改了法规，允许所有拥有特殊许可证的制造商生产电动汽车（Marro 等，2015）。

国家机关事务管理局宣布，政府每年采购的政府汽车中，至少 30% 必须是在中国生产的纯电动汽车、插电式混合动力电动汽车或其他新的无污染汽车。此外，政府部门还需要为其电动汽车建设充电站基础设施，并改善其他清洁汽车基础设施（China urges，2014）。

中央政府四部委颁布了《试点城市私人购买电动汽车财政补助资金管理暂行办法》（2010—2012 年），这为试点城市私人购买或使用电动汽车提供补贴，为动力电池生产、电池充电站和基础设施标准化建设提供补助，以及提供用于目录审查和检查的资金（Tan，2014）。

#### 11.3.1.4 激励措施

在 2020 年之前购买国产新能源汽车（NEV）、纯电动汽车和插电式混合动力电动汽车的消费者将获得 35 000～60 000 人民币（合 5 650～9 700 美元）的国家补贴。2020 年之后，这一国家补贴将每年都会减少。此外，2017 年之前购买国产新能源汽车将免征购置税。各地地方政府也在提供额外的补贴。例如，上海市政府为新的特斯拉汽车提供免费牌照，为车主节省 74 000 元（约合 12 000 美元）。其他地方政府正在选择与国家补贴相匹配的办法。一些地方政府选择限制新车登记上牌，并预留一部分给电动汽车（China urges，2015）。

## 充电模式的变革：太阳能充电站

在北京，奇数车牌和偶数车牌必须交替在公路上行驶。然而，北京正在实行电动汽车不限行的额外激励政策（DeMorro，2015a）。

中国的大多数激励措施仅适用于本地生产的电动汽车，而不适用于进口车辆。缺乏激励措施和高额进口关税正在限制诸如特斯拉在内的一些国外电动汽车的销售（Tillemann，2015）。

#### 11.3.1.5　电动化公共交通

汽车制造商比亚迪每年在中国销售 4 000 辆电动大巴，每年在世界其他各地销售数千辆电动大巴（Loveday，2015b）。南京公共交通集团有限公司从比亚迪签下了最大的电动公交车和出租车订单。该公司的目标是使其车队成为世界上最大的全电动汽车队之一（Nanjing Public Transportation Group 2015）。此外，武汉市已经为其车队增加了数千辆比亚迪电动出租车（Morris，2015）。

#### 11.3.1.6　基础设施

中国一直致力于使用充电站和电池快换来建设电动汽车充电基础设施。中国国家电网和南方电网是中国电网的两个主要运营商，主导建设了中国充电站基础设施。这些国有公司各自专注于不同地区的充电基础设施建设。两者都安装了充电站及充换电站，并开发了智能充电和换电站网络（China electric vehicle，2015）。充电站基础设施建设中的其他主要参与者还包括几家电力公司、关注智能电网和可再生能源分配的技术公司及一家公共交通公司。2014 年，国家电网向私人投资者开放了分布式电网和充电站市场，以刺激充电设施的安装率。允许消费者安装充电站或住宅太阳能，并使私有的小型电源能够接入国家电网（China electric vehicle，2015）。

虽然中国大多数电动汽车似乎都使用充电站，但有些电动汽车和大多数电动公交车都使用换电站（Loveday，2015a）。2015 年 4 月，一家以色列的工程公司 Ziv-Av Engineering（ZAE）与中国南京一家电动汽车集团公司 Bustil Technology 签署了一项协议，在南京为电动公共汽车建立 7 000 个换电站。如果成功，中国的公司也可能将换电方式扩展到电动出租车（ZAE，2015）。

2014 年，特斯拉与中国一家清洁能源和薄膜太阳能发电公司汉能（Hanergy）集团合作，在中国建设第一台太阳能超级充电站（Tesla Motors，2015a）。中国还有非太阳能的超级充电站（Tesla Motors，2015b）。

得益于上述所有行动,在 2010—2014 年间,电动两轮车充电站数量从 76 个增加到 723 个(China electric vehicle,2015)。

#### 11.3.1.7 问题和改进措施

中国政府似乎将重点放在豪华高端电动汽车上,并为这些车辆提供了大量补贴。大多数的中国公民买不起这些高端电动汽车,也买不起电动汽车。必须给予普通消费者和更实惠的电动汽车更大的支持,以帮助增加消费者的电动汽车购买量。如果政府想要建立一支满足国内需求的电动汽车车队,还应该提高国外电动车辆的销售规模,并增加小型电动汽车的生产(Akcayoz De Neve,2015)。

鉴于中国电动自行车和电动摩托车的普及程度,电动自行车充电基础设施规模也应该扩大。2014 年,中国有 700 多个充电站,但根据 2016 年两轮电动车的销量近 6 000 万辆的预测,这些车的充电基础设施必须迅速增加。中国正在致力于提高电动车销量,但两轮车可能是中国的未来,所以应该对这些电动两轮车销售和基础设施给予同等或更大的关注。

中国的电力主要来自煤炭。虽然向电动汽车转型时,车辆的排放量减少了,但是当电动汽车使用煤电进行充电时,空气污染问题依然存在,并且随着电力需求的增长,污染可能会增加。为了避免这种情况,中国应该增加可再生能源在能源结构中的份额。此外,中国应将太阳能发电与充换电站结合起来,以避免电网需求增加,并使用清洁能源对电动汽车充电。太阳能也可以减少对电网的需求激增,避免电网电压波动和电压质量变差(SGCC Decontrols,2014)。

在中国,续驶里程焦虑仍然在很大程度上制约着消费者使用电动汽车。中国的充电站基础设施不足。通常一个区域只建有限的充电站,或者电动汽车与充电站不兼容。各个城市已经开始努力建设充电基础设施,导致城市间建造标准有差异和地方保护主义的产生。例如,汽车制造商比亚迪需要得到每个城市电动汽车推广办公室的批准,才能进入该城市建造充电基础设施的商业谈判。中国正在努力减少地方保护主义,制定电动汽车的国家充电标准。2014 年,中国宣布将与德国统一充电标准,为 7 针 2 型插头,这种插头荷兰也在用。另一个障碍是,由于停车位和加油站很少,难以确保在中国城市中找到实际位置建设充电基础设施。2014 年早些时候,北京有 1 400 人免费获

## 充电模式的变革：太阳能充电站

得了电动汽车牌照，但70%的人因城市中根本就没有实际的充电点而放弃了。中国应该采用统一的充电标准，继续建设其国家充电站基础设施，以鼓励更多的电动汽车消费者使用电动汽车并减轻续驶里程焦虑（Yu，2015）。下一个要解决的挑战应该是在城市中找到或创建合适的充电地点（China Top Sector E-mobility，2014）。

### 11.3.2 日本[*]

#### 11.3.2.1 销售最好的电动汽车

截至2015年6月，日本销量最高的电动汽车分别是日产Leaf、三菱欧蓝德插电式混合动力电动汽车和丰田普锐斯插电式混合动力电动汽车（EV Sales，2015）。

#### 11.3.2.2 目前状况

就2014年的电动汽车保有量规模而言，日本位居世界第二位。日本拥有2014年全球电动汽车总保有量的16%，包括108 250台电动汽车和11 500电动汽车充电设备。

日本国内能源资源匮乏，是世界上仅次于美国和中国的第三大石油净进口国。日本是最大的液化天然气进口国和第二大煤炭进口国。直到福岛核电站事故前，核能一直是日本的主要电力来源。进口天然气、原油、燃油和煤炭弥补了核能的损失，但导致了消费电价上涨和对化石燃料的更大依赖。日本计划将核能作为提供基本负荷的能源，并将能源结构与更多可再生能源及替代能源进行平衡（Japan，2015）。

#### 11.3.2.3 政策

2015年7月，日本采取了后退一点的措施，将该国的减排目标从到2020年低于1990年排放水平的25%降到2030年低于2013年排放水平的26%（相当于到2030年低于1990年排放水平的18%）。这一目标更容易实现，可以在采取进一步行动的情况下，通过现行的政策实现（Climate Action Tracker，2015）。

2006年，日本设定了一个目标，专注于电池技术的研发项目，以改善锂

---

[*] 日本将混合动力电动汽车、插电式混合动力电动汽车、天然气汽车、清洁柴油汽车和燃料电池电动汽车统一定义为下一代清洁能源车。

离子电池质量并促进电动汽车销售，从而为动力电池的大规模生产带来经济效益。2010年，日本制定了"下一代汽车战略"。该战略的目标是到2020年，日本将 20%~50% 的新车作为清洁汽车（混合动力电动汽车、纯电动汽车、燃料电池电动汽车、清洁柴油汽车），其中15%~20%是纯电动汽车和插电式混合动力电动汽车。此外，到2030年，日本将50%~70%的新车作为清洁车辆，其中20%~30%是纯电动汽车和插电式混合动力电动汽车。该战略还包括到 2020 年在日本安装 200 万个充电站和 5 000 个快速充电站的目标（Government initiative，2015）。

#### 11.3.2.4 激励措施

在 2014 财年，政府为插电式混合动力电动汽车和纯电动汽车提供 85 万日元的购车补贴，为清洁柴油车提供 35 万日元的购车补贴。购置税的激励措施适用于 2012 年 4 月至 2015 年 3 月 31 日，吨位税的激励措施自 2012 年 5 月至 2015 年 4 月 30 日实施。下一代车辆免收购置税，并免除前两次车辆检查的吨位税。

政府在 2012 财年拨付了 1 005 亿日元用于补贴在 2013 年 3 月至 2015 年 12 月间建设的充电站。按照政府或高速公路经营计划安装的充电站有 75%的成本补贴，公用、停车场或其他用途的充电站可获得 50%的成本补贴。有些城市正在提供额外补贴，以鼓励建设充电站。例如，东京为安装充电站的企业提供财政补贴（Nagatsuka，2014）。

#### 11.3.2.5 基础设施

日本的电动汽车充电点比加油站多，有 4 000 个电动汽车充电点，包括安装在家中的充电点（虽然不经营对外充电）和 34 000 个加油站。这一令人印象深刻的统计数据表明，日本致力于增加电动汽车充电站基础设施，并向电动汽车转型（Ayre，2015b）。

建设充电站基础设施的主要战略是纯电动汽车和插电式混合动力电动汽车的城镇概念。15 个城镇被选为示范电动汽车和插电式混合动力电动汽车部署的项目，并用作全国充电站基础设施的示范样本。一些旅游业发达的城镇推广电动汽车租赁和电动出租车，并在热门景点设有快速充电站。此外，一些城市也有纯电动巴士和纯电动出租车。根据人们的日常需要，为每个城镇定制基础设施（our best practices，2015）。

## 充电模式的变革：太阳能充电站

CHAdeMO 是一家在国际上销售快速充电器的日本公司。充电站允许双向充电，并且具备使车辆到家庭（V2H）的能力。日本已安装超过 5 400 台 CHAdeMO 快速充电器（CHAdeMO，2015）。

2014 年，丰田、日产、本田和三菱等多家汽车制造商共同成立了一家名为日本充电服务（Nippon Charge Service）的合资公司。该公司致力于通过资助申请人的部分安装费来增加日本的充电站基础设施。这些充电站是日本充电服务网络的一部分。该公司将专注于在交通繁忙地区建设充电基础设施，如加油站和服务站、高速公路、停车场、酒店和大型商业设施（Japan automakers advance，2014）。

特斯拉还在日本安装了直接或间接使用太阳能发电的超级充电站，对电网没有影响（Tesla to invest，2015）。

东芝已经在日本宫古岛市（Miyakojima）测试了超小型电动汽车的太阳能充电站。考虑到岛上停电频率，东芝计划使用蓄电池作为应急电源。东芝将从这些测试项目中分析数据，以便未来在岛上进行开发（Toshiba Corporation，2013）。

京瓷（KYOCERA）太阳能电池组件公司已经为世界多个电动汽车充电站提供太阳能电池板。在日本，KYOCERA 与制造商 Shintec Hozumi 合作，使用太阳能为停在公司总部的电动汽车充电。在屋顶安装了 230 kW 发电能力的太阳能电池板，所发的电用于给电动汽车充电。在停电的情况下，电动汽车电池将作为建筑物的备用发电机（Colthorpe，2014）。

### 11.3.2.6　问题和改进措施

日本进口了大量的能源，主要为化石燃料。因此，虽然纯电动汽车没有排放，但仍然主要使用化石燃料产生的电力。所以，随着向电动汽车转型，日本总体上没有减少碳排放或其他温室气体排放。为了使电动汽车更加环保，日本应该从清洁能源，特别是太阳能中获取大部分电力。此外，电动汽车应使用太阳能发电站充电，以使用清洁能源为车辆提供燃料，并减少电网压力。特斯拉和其他几家公司正在努力安装太阳能充电站，这表明这项技术对日本来说是可行的。

## 11.4 澳大利亚

### 11.4.1 销售最好的电动汽车

在澳大利亚，2015 年第一季度三菱欧蓝德插电式混合动力电动汽车的销量最高，紧随其后的是特斯拉。宝马 i3 的销量远落后于日产 Leaf，Holden Volt 的销量已从 2014 年销量大幅下降（EV Sales，2015）。

### 11.4.2 目前状况

2013 年，澳大利亚主要是煤炭发电，其次是天然气、水电和一些可再生能源。然而，在过去的两年中，人们一直在推动可再生能源发电，特别是发展太阳能发电（Australia，2014）。

澳大利亚的电动汽车市场与其他主要国家相去甚远。2014 年，澳大利亚仅售出约 1 180 辆纯电动汽车和插电式混合动力电动汽车。在澳大利亚，很少有政府补贴能使电动汽车的价格与内燃机汽车相比更具竞争力。此外，目前在澳大利亚充电基础设施非常有限，是电动汽车应用的一个障碍。然而，在澳大利亚电动汽车应用的最大抑制因素在于，为电动汽车充电产生的二氧化碳比使用液体燃料的发动机汽车排放的还多。消费者不会像生活在清洁发电国家的消费者那样，觉得驾驶电动汽车对环保有益，这使电动汽车失去了其最大的吸引力之一（Duff，2015）。

对珀斯（Perth）的中央地区交通（CAT）系统进行了成本效益分析，并确定如果所有的公共汽车都是电动的，CAT 车队将有 600 万美元的净节余（Public transport，2015）。此外，为各机构提供能源和电力研究咨询服务的 Energeia 公司确定，如果在未来 20 年内不使用电动汽车，澳大利亚的净经济成本将达到 3.68 亿美元，经济也将丧失增加 8.78 亿美元总值的潜力。为了充分发挥经济潜力，澳大利亚应在 2035 年之前拥有 400 万辆电动汽车。

### 11.4.3 政策

2009 年，在哥本哈根的"联合国气候变化框架公约"（UNFCCC）上，澳大利亚承诺，碳排放量将比 2000 年减少 5% 或 15%～25%（在稳定温室气体水平的全球协定的不同条件下）。澳大利亚和其他主要发达国家于 2015 年 6 月开会，经非正式商定，到 2050 年将比 2010 年减少 40%～70% 碳排放量（Evans 和 Yeo，2015）。然而，各国将在 2015 年 11 月 30 日至 12 月 11 日在巴黎举行的"联合国气候变化框架公约"上做出官方的碳减排承诺（Quantified economy-wide，2014）。澳大利亚的农民、环保团体和组织敦促政府承诺到 2050 年实现这些目标，甚至实现零碳排放目标（Australian Government，2015）。

澳大利亚电动车协会公司（AEVA）是一个由对电动汽车感兴趣的个人和组织组成的非营利组织。该组织致力于向消费者普及电动汽车的知识，促进电动汽车的研究，以及为电动汽车的信息交流提供一个论坛（Policies，2013）。

绿色汽车指南是澳大利亚政府的一项在线服务，根据温室气体和空气污染排放对新的澳大利亚汽车进行汽车评级，并将汽车测试数据与澳大利亚汽车标准进行比较。总评级分为 0～5 颗星，温室气体和空气污染等级的范围为 0～10（10 为最佳）。该指南使消费者能够比较最多三家汽车制造商的所有品牌和车型，以了解车辆的优势方面和节省开支的地方（Green Vehicle Guide，2015）。

通过国家能源效率倡议（NEEI），澳大利亚政府向以澳大利亚电网（Ausgrid）为首的智能电网、智慧城市拨款 1 亿美元，用于开发具有商业规模的智能电网。该项目测试了智能电网技术，衡量了全国推广的收益和成本。2010—2014 年，有三万户家庭参与了该项目。此外，作为计划的一部分，Ausgrid 为其车队增加了 20 辆电动汽车，以研究电动汽车如何影响电网。这些研究的最终报告尚未发布（About Smart Grid，Smart City，2015）。

### 11.4.4 激励措施

澳大利亚的节油汽车免征联邦豪华车税。购买的汽车超过阈值的，按超过阈值的比例征收更高的税率。2014—2015 年，节能汽车的阈值为 75 375 美元，而其他车辆的阈值为 60 136 美元。减排基金（ERF）向降低澳大利亚交通排放强度的消费者提供奖励。减排基金针对大型车队，如租赁公司或公共汽车车队，因此主要是促进车队对电动汽车的使用，而不是个人消费者。然而，由于大多数电动汽车使用具有高碳排放的电网供电，因此这种激励对电动汽车普及的推动作用有限。电动汽车有资格享受20%的注册费减免。绿色车辆税计划是另一项鼓励代用燃料车辆的措施，该计划根据温室气体和空气污染等级，为汽车提供印花税折扣，包括电动汽车在内的A级汽车会享受免征印花税待遇（Review of alternative fuel，2015）。

## 11.4.5 基础设施

澳大利亚目前可供公众使用的充电站数量有限。但是，正在努力增加基础设施。从2015年开始，皇家汽车俱乐部（RAC）在珀斯和西南部之间开发一条拥有公共电动汽车快速充电站的电力公路，目标是提供一个充电网络，以刺激西澳大利亚更大的电动汽车需求。澳大利亚将使用E-station充电站安装13个充电站，每个充电站有两个充电点（RAC electric highway，2015）。E-station是澳大利亚的电动汽车充电设备提供商，其销售家庭、办公室、停车场或街道停车场的充电站。充电站与电动汽车或公共汽车兼容（Welcome to E-station，2015）。

同样，昆士兰州（Queensland）也想在布鲁斯（Bruce）高速公路沿线建设一条1 600 km长的快速充电站电力公路，其中许多将是太阳能充电站。电力公路的第一个充电站将是一个太阳能充电站，也是澳大利亚的第一个太阳能充电站，将安装在汤斯维尔（Townsville）。此外，为了补贴成本，太阳能供应商Ergon Energy公司愿意为企业租赁25 kW的太阳能电池板，而昆士兰经济发展局愿意租赁电动汽车充电设备（Queensland plans，2015）。

特斯拉计划在澳大利亚建立一个超级充电站网络，并用太阳能供电。到2016年，将建成16个超级充电站，墨尔本（Melbourne）将与布里斯班（Brisbane）及阳光海岸连接起来。第一个安装地点选在戈尔本（Goulburn）游客中心。特斯拉还与酒店建立了合作伙伴关系，安装1级和3级壁挂式充电装置（Hall，2015）。

### 11.4.6 问题和改进措施

澳大利亚政府应该为购买电动汽车提供激励措施，使电动汽车对消费者更具吸引力。消除外国汽车的进口壁垒可以降低目前为车辆支付的保险费。此外，实行新的方案，对温室气体排放较高汽车的消费者收取更多费用，这将减少电动汽车和内燃机车之间的价格差距，并鼓励更多的消费者购买电动汽车。除了补贴之外的激励措施，如给予电动汽车优先进入公交专用道和提供指定停车位的权利，也有助于提高电动汽车的应用。

澳大利亚有 4 款纯电动汽车和 20 款混合动力电动汽车。为消费者提供更多可选择的清洁汽车，可以帮助他们找到满足需求的最好的汽车，并增加购买电动汽车的可能性。此外，澳大利亚消费者认为，缺乏充电站基础设施是电动汽车应用的障碍，应继续加强建设充电站基础设施的力度。太阳能充电站绝对应该成为澳大利亚充电站基础设施的重点，因为化石燃料发电的电网阻碍了消费者购买电动汽车。太阳能充电站使用清洁的太阳能为电动汽车供电，可以减少汽车排放，并降低对环境的总体影响。

## 11.5 总　　结

对许多国家进展情况的回顾表明，充电基础设施和激励措施对电动汽车的广泛应用至关重要。高油价和征收二氧化碳排放税可以鼓励更多人购买电动汽车。根据 2015 年 12 月的《巴黎协定》，各国很可能进一步通过电动汽车减少碳排放。

本章中评价的大多数国家都有相对成功的电动汽车政策和激励措施，可以相互分享和学习。各国必须开展有意义的讨论，以帮助全球向电动汽车的转型，这非常重要。电动汽车和电动汽车充电设备的国家标准对于实现内部的一致性和最终制定全球标准非常重要。必须消除阻碍电动汽车广泛应用的政治和技术障碍。太阳能充电站必须在全球范围内充分普及，以消除里程焦虑，并降低与电网相关的排放。

## 11　国际机遇

## 参考文献

About E. on e-Mobility. 2015. E. ON e-Mobility. Accessed August 8, 2015. http://www.eon.dk/e-mobility/Om-EON-e-Mobility/.

About Smart Grid, Smart City. 2015. Smart Grid, Smart City. Access August 6, 2015. http://www.smartgridsmartcity.com.au/About-Smart-Grid-Smart-City.aspx.

Addressing climate change. 2015. IEA-International Energy Agency. Accessed August 6, 2015. http://www.iea.org/policiesandmeasures/climatechange/?country=Denmark.

Advansolar. Accessed August 4, 2015. http://www.advansolar.com/en/.

Akcayoz De Neve, p. 2015. "Electric vehicles in China." Belfer Center for Science and International Affairs. Accessed August 7, 2015. http://belfercenter.ksg.harvard.edu/publication/24345/electric_vehicles_in_china.html.

Amsterdam electric. 2015. Amsterdam. nl. Accessed August 7, 2015. http://www.amsterdam.nl/parkeren-verkeer/amsterdam-elektrisch/.

Australia. 2014 U. S. Energy Information Administration (EIA). http://www.eia.gov/beta/international/analysis.cfm?iso=AUS.

Australian Government urged to adopt a zero carbon emissions target by 2050. 2015. The Guardian. Accessed August 6, 2015. http://www.theguardian.com/environment/2015/jun/16/australian-government-urged-to-adopt-a-zero-carbon-emissions-target-by-2050.

Autolib' 2015. Autolib' Paris Website. Accessed August 5, 2015. https://www.autolib.eu/en/.

Ayre, J. 2015a. "France offering up to €10, 000 to switch from old diesel cars to electric cars." CleanTechnica. http://cleantechnica.com/2015/02/16/france-offering-drivers-old-diesel-cars-e10000−switch-plug-ins/.

Ayre, J. 2015b. "Japan now home to more electric vehicle charging stations than gas stations." CleanTechnica. http://cleantechnica.com/2015/02/18/japan-now-home-electric-vehicle-charging-stations-gas-stations/.

Bae, H. And D. Hurst. 2012. Electric two-wheel vehicles in Asia-Pacific. Boulder, CO: Pike Research. Accessed August 5, 2015. http://www. navigantresearch.com/wp-content/uploads/2012/04/ETVAP-12-Executive- Summary. pdf.

Block, B. 2015. "Germany boosts electric vehicle development." Worldwatch Institue http://www.worldwatch.org/node/6251.

CHAdeMO. 2015. CHAdeMO Association. Accessed August 4, 2015. http://www.chademo.com/.

China. 2015. U. S. Energy Information Administration (EIA). http://www.eia.gov/beta/international/analysis. cfm?iso=CHN.

China electric car sales-June. 2015. EVObsession. Accessed July 17, 2015. Evobsession.com/byd-qin-still-crushing-it-in-china-china-electric-car-sales-june/.

China electric vehicle charging station and charging pile report 2015–2016. 2015. China Electricity Market. Accessed August 5, 2015. http://www. researchandmarkets.com/research/ccbd9p/china_electric.

China top sector E-mobility. 2014. 1–23. Web. Dec. 15, 2015. http://china.nlambassade.org/binaries/content/assets/postenweb/c/china/zaken-doen-in-china/high-tech/china-top-sector-e-mobility-opportunity-report. pdf.

China urges local governments to buy more new-energy cars. 2015. Reuters. Last modified July 13, 2014. http://www.reuters.com/article/2014/07/14/ us-china-electriccar-inUSKBN0FJ08Y20140714.

CLEVER. 2015. CLEVER. Accessed August 5, 2015. https://www.clever.dk/ english/.

Climate action tracker. 2015. Climate Action Tracker. http://climateactiontracker.org/countries.html.

Climate case. 2015. Urgenda. http://www.urgenda.nl/en/climate-case/.

Colthorpe, A. 2014. "Kyocera installs 230 kW solar charging station with EV battery backup." PV-Tech. http://www.pvtech.org/news/kyocera_installs_230 kW_solar_charging_station_with_ev_battery_backup.

Countries. IEA-International Energy Agency. 2015. Accessed August 6, 2015. http://www.iea.org/countries/.

Cremer, A., A. Williams, and T. Severin. 2014. "Germany plans electric car motorway charging stations." Reuters UK. http://uk.reuters.com/article/ 2014/12/27/germany-electric-cars-idUKL6N0UB0AJ20141227.

DeMorro, C. 2015a. "China unleashing another beast of an electric car incentive." Clean Technica. http://cleantechnica.com/2015/06/05/china-unleashing-another-beast-of-an-electric-car-incentive/.

Detailed presentation of the 14 actions. 2012. Ministere Du Developpement Durable. http://www.developpement-durable.gouv.fr/Presentation-detaillee-des－14, 268html.

Duff, C. 2015. "Why Australians aren't buying electric cars." CarsGuide. http://www.carsguide.com. au/car-news/why-australians-arent-buying- electric-cars-yet－30869#. VcLS6ZNViko.

Eco2charge: A project designed to accelerate the deployment of electric vehicles. 2014. Accessed August 3, 2015. http://www.eco2charge.fr/ 2014－09－18%20CP%20final%20Eco2charge_GB.pdf.

Ecotricity. 2015. Ecotricity. Accessed July 28, 2015. http://www.ecotricity.co.uk/.

ElaadNL. 2015. ElaadNL. Accessed July 31, 2015. http://www.elaad.nl/.

Electricity generation. 2015. Energy UK. Accessed August 10, 2015. http://www.energy-uk.org.uk/energy-industry/electricity-generation. html.

Energy concept. 2015. Accessed August 5, 2015. http://www.iea.org/policiesandmeasures/pams/germany/name－34991－en.php.

Energy: Energy transition to green growth. 2015. Assemblee Nationale. Accessed August 4, 2015. http://www.assemblee-nationale. fr/14/dossiers/ transition_energetique_croissance_verte.asp.

EU to support development of electric vehicle transport roads in northern Europe 2015. Accessed February 9, 2015. http://ec.europa.eu/inea/en/ten-t.

EVAAP. 2015. EVAAP. Accessed August 5, 2015. http://www.evaap.org/info/info.html?sgubun=1.

Evans, S. and S. Yeo. 2015. "G7 leaders target zero-carbon economy." Carbon Brief. http://www.carbonbrief.org/blog/2015/06/g7－leaders-target-zero-carboneconomy/.

EV Norway. 2015. Accessed August 7, 2015. http://www.evnorway.no/.

EVolution electric vehicles in Europe: Gearing up for a new phase? 2014. Accessed August 6, 2015. http://www.mckinsey.com/~/media/McKinsey% 20Offices/Netherlands/Latest%20thinking/PDFs/Electric-Vehicle-Report-EN_ AS%20FINAL.ashx.

EV Sales. 2015. EV Sales. http://ev-sales. blogspot.com/search/label/Europe.

Fastned-Home. 2015. Fastned. Accessed August 7, 2015. http://fastned. nl/nl/.

Gao, P. C. Malorny, S. Mingyu Guan, T. Wu, T. Luk, L. Yang, D. Lin, and X. Xu. April 2015. "Supercharging the development of electric vehicles in China." McKinsey China. Mckinsey. Web. Dec. 20, 2015. http://www.mckinseychina.com/wp-content/uploads/2015/04/McKinsey-China_Electric-Vehicle-Report_April–2015–EN. pdf?5c8e08.

Global EV outlook 2015 (Infographic). 2014. Retrieved from http://www.iea.org/evi/Global-EV-Outlook–2015–Update_1page.pdf.

Gordon-Bloomfield, N. 2014. "Vive la loiture electricque! Normandy spurs electric car revolution with massive discounts." Transport Evolved. http://transportevolved.com/2014/04/14/vive-la-voiture-electrique-normandy-spurs-electric-car-revolution-massive-discounts/.

Government initiative for promoting next generation vehicles. 2014. Accessed August 7, 2015. http://mddb.apec.org/Documents/2014/AD/AD1/14_ ad1_1025. pdf.

Green Motion. 2015. Green Motion. Accessed August 7, 2015. http://greenmotion.com/.

Green Vehicle Guide. 2015. An Australian Government Initiative. Accessed August 7, 2015. https://www.greenvehicleguide.gov.au/GVGPublicUI/ Home. aspx.

Hall, S. 2015. Electric car company Tesla plans 16 Supercharger stations between Melbourne and Brisbane. Drive. Accessed August 7, 2015. http:// www.drive.com.au/it-pro/electric-car-company-tesla-plans–16–supercharger-stations-between-melbourne-and-brisbane–20150111–12lw2a.

Heymann, E. 2014. "$CO_2$ emissions from cars." n. p: Deustsche Bank Reserch.

Accessed July 27, 2015. https://www.dbresearch.com/.

Japan. 2015. U. S. Energy Information Administration (EIA). http://www.eia.gov/beta/international/analysis.cfm?iso=JPN.

Japan automakers advance electric charging infrastructure with new company, Nippon Charge Service. 2014. Nissan Motor Company Globle Website. http://www.nissan-global.com/EN/NEWS/2014_STORY/140530-01-e.html.

Kane, M. 2015. "UK & Netherlands account for two thirds of PHEV sales in Europe." Inside EVs. http://insideevs.com/uk-netherlands-account-for-two-thirds-of-phev-sales-in-europe/.

Krieger, A. P. Radtke, and L. Wang. 2012. "Recharging China's electric-vehicle aspriations." McKinsey& Company. n. p. Web. Dec. 15, 2015. http://www.mckinsey.com/insights/energy_resources_materials/recharging_chinas_electric-vehicle_aspirations.

Le Groupe La Poste. 2015. Le Groupe La Poste. Accessed August 3, 2015. http://legroupe.laposte.fr/.

Loveday, E. 2015a. "Battery swapping a reality in China." Inside EVs. http://insideevs.com/china-battery-swap/.

Loveday, E. 2015b. "BYD electric bus sales." Inside EVs. http://insideevs.com/byd-electric-bus-sales-4000-per-year-china/.

Making the connection: The plug-in vehicle infrastructure strategy. 2011. London:Department of Transport. Accessed August 2, 2015. https://www.gov.uk/government/organisations/department-for-transport.

Market and operations. 2015. Statnett-Fremtiden Er Elektrisk. Accessed July 24, 2015. https://www.statnett.no/enMarket-and-operations/.

Marro, N. H. Liu, and Y. Yan. 2015. "Opportunities and challenges in China's electric vehicle market." China Business Review. http://www.chinabusinessreview.com/opportunities-and-challenges-in-chinas-electric-vehicle-market/.

Masson, L. J. 2013. "German electric vehicle players launch charging info-exchange network." PluginCars. http://www.plugincars.com/intercharge-hubjecteuropean-network-charging-stations – 127430. html.

Mission. 2015. Dansk Elbil Alliance. n. p. Web. Dec. 15, 2015. http:// www. danskelbilalliance.dk/English.aspx.

Mock, P. and Z. Yang. Driving electrification. Washington, DC: n. p. 2014. Accessed August 4, 2015. http://www.theicct.org/sites/default/files/publications/ICCT_EV-fiscal-incentives_20140506. pdf.

Morris, C. 2015. "Uber adds PHEVs to its fleets in China." Charged Electric Vehicles Magazine. https://chargedevs.com/newswire/uber-adds-phevs-to-its-fleet-in-china/.

Nagatsuka, S. 2014. "The world auto industry: Situation and trends." Japan Automobile Manufacturers Association. http://www.oica.net/wp-content/uploads/JAMA_Situation-and-trends. pdf.

Nanjing Public Transportation Group CO. LTD. 2015. Nanjing Public Transportation Group CO. LTD. http://www.njgongjiao.com/.

National electromobility development plan. 2015. Germany Trade and Invest. Accessed August 4, 2015. http://www.gtai.de/GTAI/Navigation/EV/ Invest/Industries/Smarter-business/Smart-mobility/national-electromobility-development-plan. html#384066.

Open charge alliance. 2015. Open Charge Alliance. Accessed July 26, 2015. http://www.openchargealliance.org/?q=node/10.

Our best practices. 2015. Next generation vehicle promotion center. Accessed August 5, 2015. http://www.cev-pc.or. jp/english/practice/index.html.

Overview for purchase and tax incentives for EVs in the EU in 2015. 2015. ACEA-European Automobile Manufacturers' Association. http://www. acea.be/uploads/publications/Electric_vehicles_overview_2015. pdf.

Overview of E+ Partners. 2015. Electromobility+. Accessed August 4, 2015. http://electromobility-plus.eu/?page_id=769.

Publicies. 2013. The Australian Electric Vehicle Association. http://www.aeva.asn.au/wiki/policies.

Public transport: The University of Western Australia. 2015. The University of

Western Australia. Accessed August 7, 2015. http://www.uwa.edu.au/ university/transport/public-transport.

Quantified economy-wide emission reduction targets by developed country Parties to the Convention. 2014. n. p.: United Nations. Accessed August 6, 2015. http://unfccc.int/resource/docs/2014/tp/08.pdf.

Queensland plans 1, 600 km string of fast-charging stations for electric cars. 2015. The Guardian. Accessed August 7, 2015. http://www.theguardian.com/australia-news/2015/jul/25/queensland-to-encourage-fast-charging-stations-to-service-electric-cars-statewide.

RAC electric highway. 2015. RAC WA. Accessed August 7. 2015. http://rac.com.au/news-community/environment/electric-highway-and-electric-vehicles.

Sett. 390 S (2011 – 2012). 2012. Energy and the Environment Committee. https://www.stortinget. no/no/Saker-og-publikasjoner/Publikasjoner/Innstillinger/Stortinget/2011 – 2012/inns – 201112 – 390/lvl = 0#a2. 8.

Rwe-Mobility. RWE Group. 2015. Accessed August 5, 2015. http://www.rwe.com/web/cms/en/183210/rwe/innovation/projects-technologies-energy-application/e-mobility/.

Review of alternative fuel vehicle policy targets and settings for Australia. July 2015. Accessed August 4, 2015. http://www.esaa. com. au/Library/PageContentFiles/69ae0935 – d7e1 – 4dfe – 9d3d – 0309a1ff8e62/Energeia%20Report%20for%woesaa%20_%20Optimal%20AFV%20Policy%20Targets%20and%20Settings%20for%20Australia. pdf.

SGCC decontrols construction of charging. 2014. Hanergy. http://www.hanergy.com/en/content/details_36_1349. html.

Shahan, Z. 2014. "Electric cars 2015." EV Obsession. n. p. Web. Dec. 15, 2015. http://evobsession.com/electric-cars – 2014 – list/.

Sharman, A. 2015. "Power struggle stalls London's electric cars." Financial Times. http://www.ft.com/home/us.

Solar charging station. 2010. Berlin, Germany: n. p. Accessed August 6, 2015. http://www.younicos.com/download/Yana/solar_charging_mobility_Adlershof_

en. pdf.

Strategic roadmap for plug-in electric and hybrid vehicle charging infrastructure. 2009. Accessed July 31, 2015. http://www.ademe.fr/sites/ default/files/assets/ documents/88761_roadmap-plug-in-electric-and hybrid-vehicle-charging-infra. pdf.

Tan, Q. M. Wang, Y. Deng Rao, and X. Zhang. 2014. "The cultivation of electric vehicle market in china: Dilemma and solution." MDPI. Web. Dec. 14, 2015. http://www.mdpi.com/2071−1050/6/8/5493/pdf.

Tesla Motors. 2015a. Hanergy. Accessed August 6, 2015. http://hanergy. eu/teslamotors/.

Tesla Motors. 2015b. Tesla Motors | Premium Electric Vehicles. Accessed August 6, 2015. http://www.tesamotors. com/.

Tesla Motors and Athlon Car Lease announce electric vehicle leasing program in Europe. Last modified July 2011. Accessed August 6, 2015. http://www.teslamotors.com/blog.

Tesla to Invest in Charging Infrastructure in Japan-Nikkei. CNBC. Last modified April 29, 2015. http://www.cnbc. com/2015/04/29/reuters-america-tesla-to-invest-in-charging-infrastructure-in-japan-nikkei. html.

Tillemann, L. "China's electric car boom: Should Tesla Motor worry?' Forune. Last modified February 19, 2015. http://fortune.com/2015/02/19/ chinas-electric-car-boom-should-tesla-motors-worry/.

Timmons, H. "Consider the E-bike: Can 200 million Chinese be wrong?" Quartz. n. p. Oct. 22, 2013. Web. Dec. 15, 2015. http://qz.com/137518/ consumers-the-world-over-love-electric-bikes-so-why-do-us-lawmakers-hate-them/.

Toshiba Corporation to start pilot project of microelectronic vehicle in Miyako Island. Toshiba. Last modified February 21, 2013. http://www.toshiba.co.jp/about/press/2013_02/pr2102. htm.

Tost, D. 2014a. "Berlin approves new incentives for electric car drivers." EurActiv. http://www.euractiv.com/sections/transport/berlin-approves-new-incentives-electric-car-drivers−308700.

Tost, D. 2014b. "Germany to miss target for one million e-cars by 2020." EurActiv. http://www.euractiv.com/sections/energy/germany-miss-target-one-million-e-cars-2020-310523.

Vergis, S., T. S. Turrentine, L. Fulton, and E. Fulton. Plug-in electric vehicles: A case study of seven markets. October 2014. Accessed August 4, 2015. http://www.its.ucdavis.edu/research/publications/.

Welcome to E-station. 2015. E-Station. Accessed August 7, 2015. http://e-station.com.au/.

World premiere Utrecht charging station all electric cars. Utrecht. Last modified June 9, 2015. http://utrecht.nieuws.nl/stad/39019/wereldprimeur- in-utrecht-laadpaal-voor-alle-elektrische-autos/.

Yu, R. "Tesla Cars to Meet China Charging Standards." Tesla Motors. Last modified April 12, 2015. http://my.teslamotors.com/it_CH/forum/forums/tesla-cars-meet-china-charging-standards.

Zach. 2015, July 24. Europe vs North America vs China EV sales. Retrieved August 4, 2015, form http://evobsession.com/europe-vs-north-america-vs-china-ev-sales-charts/.

ZAE signed the deal with China's Bustil to design 7,000 swap stations for Nanjing. 2015. ZIV-AV Engineering L. T. D. Accessed August 7, 2015. http://www.zivaveng.com/rec/430-ZAE-signed-the-deal-with-Chinas-Bustil-t.

2010 to 2015 government policy:Transport emissions. Last modified May 8, 2015. http://www.gov.uk/government/organisations/department-for- transport.

# 12

# 结 论

Larry E. Erickson, Gary Brase, Jackson Custor

> 变化是生活的法则。只盯着过去或眼前的人注定失去未来。
>
> John F. Kennedy

# 12 结 论

## 12.1 发展总结

在过去几年里,本书中的许多主题都取得了进步。电动汽车(EV)持续大量销售。特斯拉在 2015 年交付了超过 50 000 辆新车,建造的超级充电站数量继续增长(Waters,2016)。特斯拉是验证了建造太阳能充电站(SPCS)基础设施重要性的一个很好例子。过去几年里,太阳能电池板和车用、储能用电池的价格持续下降。新增的发电量中很大一部分由风能或太阳能提供。前进的道路将带来一个电动汽车成为首选交通工具,太阳能和风能将比其他替代能源更便宜的世界。电池储能正变得越来越有竞争力,并且正在与智能电网和分时电价相结合,以高效且有效地提供电力。

## 12.2 重大研发挑战

对太阳能电池板和电池的改进研究仍然具有很大的价值。预计在未来 25 年内,太阳能转换电能的效率将得到提高。预计费用也将进一步降低。在提高电池能量密度、延长电池寿命和降低成本方面的进展对于电动汽车和储能具有重要意义。虽然电动汽车品牌和车型不断增加,但在许多方面优化电动汽车的研究仍在进行。太阳能充电站也需要进一步开展类似的研发。

需要利用决策支持系统通过分时电价和自动化系统来管理智能电网,降低电网的峰值电力需求,有效地平衡供需。当超过 50% 的汽车是电动汽车,且超过 50% 电力是由风能和太阳能产生时,就需要新的决策支持软件来有效地管理智能电网,需要研究具有大量太阳能充电站、电动汽车和储能的电网的决策支持系统。客户与智能电网通信系统和具有分时电价与自动化功能的决策支持系统交互的咨询材料需要进一步研究和开发。众所周知,高温可能会影响电池的寿命。需要研究,以掌握类似亚利桑那的环境下非常热的停车场中,由太阳能充电站提供遮阳的相对重要性。温度测量可以用太阳能电池板进行,也可以不使用能遮阳的太阳能电池板,可以采集在炎热夏季时电池

### 充电模式的变革：太阳能充电站

的寿命数据。

研发出充电容易、高效和廉价的电动汽车无线充电系统将具有很大的价值。出于安全考虑，在公共太阳能充电站充电时，连接车辆上的充电线更受关注。建立电动汽车充电线的全球标准是必要的。另外，满足用户充电线的需求也具有显著的价值。

## 12.3 新技术的整合与应用

在开发太阳能充电站基础设施的过程中，一些新的研发结果可能非常重要。具有分时电价功能的智能电网提高了太阳能电池板发电的价值。太阳能充电站中的储能电池在有太阳能时充电，而储能电池可在电价高时供电。智能电网具有更好的通信和分时电价功能，使用户能够将他们使用能源的时间转移到更有利的时间。

随着太阳能发电系统安装量的增长，太阳能电池板覆盖了停车场和屋顶，电动汽车充电的基础设施将更加强大并能支持交通电动化。如果在大多数电动汽车停放的地方可以方便地充电，则日常使用所需的电池尺寸会减小。

将太阳能充电站并入电网对社会具有重要价值。电池储能作为具有分时电价的智能电网的一部分，有助于管理具有大量太阳能充电站的电网的供需。大多数太阳能充电站附近的电力需求很大，因为停车场附近通常会有很多其他活动。太阳能充电站产生的电力并入电网有关的政策问题需要妥善处理，以便实现利益公平分摊，就没有了并入电网的障碍。需求电费、分时电价及其他智能电网特性应有利于将太阳能充电站并入电网。

太阳能充电站系统以一种新的方式向停车场供电。这允许电子广告以合理的价格投放到太阳能充电站中，并为支付太阳能充电站设备和耗电的费用提供了另一种方案。电动汽车免费的 1 级充电和 2 级充电较便宜，在某些停车场也有提供，其费用由广告、雇主或零售机构支付。可以开发新的商业模式，将太阳能充电站集成到正在使用的许多通用停车场商业模式中。因为电力由太阳能充电站产生，有一种商业模式就是电力公司购买或租赁太阳能充电站，为自己的电网发电，包括向使用太阳能充电站的电动汽车客户售电

（Robinson 等，2014）。如果电力公司受到监管，他们可能需要获得批准才能向太阳能充电站的电动汽车客户售电。监管机构将参与制定费率，这可能是分时电价的费率。

城市社区关注的另一个综合主题是空气质量。空气质量倡议可能包括使用太阳能充电站发电，为增加电动汽车的使用而增加电动汽车充电基础设施，从而改善城市空气质量。有许多城市的空气质量差，影响人们的健康和生活质量。改善空气质量是在城市停车场安装太阳能充电站的正当理由。使用太阳能充电站免费充电的成本可以通过销售税支付，也可以通过电力公司的电费账单支付，包括使用太阳能充电站的电动汽车。

## 12.4　教育并实现伟大转变

需要通过教育来实现交通电动化的目标，增加太阳能充电基础设施，引入具有需量电费、分时电价、决策支持系统功能的智能电网，并引入鼓励客户优化用电的通信新特征。向更具共享性的系统转型，需要被全面地理解，才能有效发挥作用。当用户把用电时间调整到另一个时间段，可以减少峰值功率需求。本书的目的之一是让人们了解电动汽车、太阳能充电站和智能电网的机遇和好处。

除了关于电动汽车、太阳能充电站和智能电网性质的基础教育之外，还需要考虑人们将如何应对这些变化，因为这些变化破坏了传统的内燃机市场、石油能源和大多数人现在使用的基本电网。改变和抛弃传统的习惯可以是令人不安的，也可以是令人兴奋的，取决于教育的方式和被教育人的感受。以购买电动汽车决策为例。前面几章已经探讨了拥有电动汽车和发动机汽车的基本开销（包括全周期分析）方面的差别，现在正处于这样一个时刻：就经济性而言，电动汽车可以与发动机汽车竞争。但是，当特定的某个人决定转向购买电动汽车时，什么因素在起作用呢？

令人惊讶的是，影响购买电动汽车的一些重要因素显然是非经济的，那些社会地位得到认可的人，有机会购买更昂贵但环保的"绿色"产品（汽车、电器或清洁产品）时，更有可能购买更环保的产品（Griskevicius、Tybur 和

## 充电模式的变革：太阳能充电站

Van den Bergh，2010）。同样，人们关注他们的邻居，当他们的邻居使用环保产品时，他们会更迫切地采用诸如使用家庭太阳能电池板等新技术（Plumer，2015）。这似乎归结为人们希望被其他人视为具有重要的社会特质（例如关心环境，有能力获得最新技术）。

然而，这种"跟随琼斯"的效应并不总是保证发生。几项研究已经观察了当人们被告知他们在家中有电表显示他们使用了多少电，相对于他人的使用量情况时，会发生什么。这些"智能电表"（作为智能电网的一部分）可以引导个人减少自己的能源消耗，但这些仪表的有效性很大程度上取决于它们的设计方式和使用方法（Ehrhardt-Martinez 等，2010；Mooney，2015）。

一个更大的担忧也许是一系列反对可再生能源和电动汽车的教育或反对最终应用可再生能源和电动汽车的势力。这些势力中有些是可预测的，但另一些并不明显。它们中的大多数都有一个共同点，正如厄普顿辛克莱（Upton Sinclair）所说："当一个人不理解自己的工作就能够获得酬劳时，那么他就很难再去了解这份工作了。"石油行业一贯反对采用替代能源（Edelstein，2014）。能源公司往往抵制这种变革，既因为他们对石油和煤炭的投资，也因为与维护/升级电力基础设施必要性有关的问题（Bushnell，2015）。特斯拉一直在向客户直接销售电动汽车，但受到州法律（在经销商支持下颁布的）限制或禁止汽车销售，除非是通过特许经销商（Chapman，2013），特斯拉对此感到失望。就连销售自己电动汽车的经销商似乎也在抑制这些电动汽车的销售，而且超过了对内燃机车型的抑制（Murphy，2014；one reason appears to be the much higher maintenance and repair revenue dealerships get from ICE models）。

最后，在替代能源和电动汽车应用方面，政治层面的影响越来越大。例如，堪萨斯州（Kansas）立法机构在 2015 年面临着近 6 亿美元的预算赤字，主要是由于保守党主导的削减州所得税造成的。弥补这一缺口的努力包括多种手段，但立法者不愿意将提高税收作为一项解决方案。有一个例外：早期削减赤字的措施就是取消对可再生能源发展的若干激励措施。奇怪的是，传统上反对增税的立法机构中的保守派人士表示，可再生能源是一个行业，他们不介意为有税收收入而改变初衷（Himmelberg，2015）。这种政治层面实际上有点儿奇怪，因为向可再生能源和电动汽车转型是整个政治领域范围的基本问题的关键。事实如此，可再生能源有益于环境（渐进的目标），但它也是我们在这个领域不依赖国外石油和获得未来经济繁荣的最佳机会（保守的目标）。

## 12.5 联合国《巴黎气候变化协定》

发展太阳能充电站基础设施的一个重要原因是有助于实现《巴黎气候变化协定》的目标，以防止全球温度上升超过 1.5 ℃。通过太阳能充电站覆盖停车场的方式，可能发出全球至少 1/3 的电力。在停车场中添加太阳能充电站的许多概念几乎可以在世界上任何地方实施。在离网地区，其中具有廉价电池的太阳能充电站也可用于为照明和其他目的提供电能。有了好政策和清除任何藩篱的努力，就有可能实现向可再生能源、太阳能充电站和电动汽车转型，并降低温室气体的排放。这有助于实现《巴黎气候变化协定》的目标（UNFCCC，2015）。

欲变世界，先变其身。

Mahatma Gandhi

## 参考文献

Bushnell, J. 2015. How (and who) will pay for our energy infrastructure? https://energyathaas.wordpress.com/2015/02/10/how-and-who-will-pay-for-our-energy-infrastructure/.

Chapman, S. 2013. Car buyers get hijacked. Chicago Tribune. Retrieved April 12, 2015. http://articles.chicagotribune.com/2013−06−20/news/ct-oped-0620−chapman−20130620_1_tesla-motors-car-dealers-car-costs.

Edelstein, S. 2014 Leaked playbook shows how big oil fights clean energy; http://news.discovery.com/tech/alternative-power-sources/leaked-playbook-shows-how-big-oil-energy−141204.htm.

Ehrhardt-Martinez, K., K. A. Donnelly, and J. A. Laitner. 2010. Advanced metering initiatives and residential feedback programs: A meta-review for household electricty-saying opportunities, Report Number E105; http://www.energycollection.us/Energy-Metering/Advanced-Metering-Initiatives.pdf.

Griskevicius, V., J. Tybur, and B. Van den Bergh. 2010. Going green to be seen: Status, reputation, and conspicuous conservation. Journal of Personality and Social Psychology, 98 (3): 392–404.

Himmelberg, A. 2015. Kansas Legislature mulls slashing green energy incentives; http://ksnt.com/2015/03/21/kansas-legislature-mulls-slashing-green-energy-incentives/.

Mooney, C. 2015. Why 50 million smart meters still haven't fixed America's energy habits; http://www.washingtonpost.com/news/energy-environment/wp/2015/01/29/americans-are-this-close-to-finally-understanding-their-electricity-bills/.

Murphy, T. 2014. Dealers blamed for dismal EV market; http://wardsauto.com/blog/dealers-blamed-dismal-ev-market.

Plumer, B. 2015. Solar power is contagious: Installing panels often means your neighbors will too; http://www.vox.com/2014/10/24/7059995/solar-power-is-contagious-neighbor-effects-panels-installation.

Robinson, J., G. Brase, W. Griswold, C. Jackson, and L. Erickson. 2014. Business models for solar powered charging stations to develop infrastructure for electric vehicles, Sustainability 6: 7358–7387.

UNFCCC. 2015. Paris Agreement, United Nations Framework Convention on Climate Change; FCCC/CP/2015/L. 9，December 12, 2015; http://unfccc.int.

Waters, R. 2016. Tesla sales pace falls short at end of 2015. Financial Times, January 3, 2016; http://www.ft.com.

# 索　引

## A

巴黎气候变化协定 135、189

## C

柴油机汽车 93
柴油卡车 116
城市空气质量 5、89、95、187
充电场所 153
储能、能量储存 59、64、87
传统车辆排放 110

## D

电池 61
电池包的寿命 62
电池成本 63
电池管理系统（BMS）62
电动摩托车 50、161、162、165
电动汽车 71、73、75
电动汽车倡议 20、145
电动汽车供电设备 27、31、147、152
电动汽车应用的经济学 114
电动自行车 50、140、161、162、165
电网的电价 65
电网现代化 7、69、72

## F

发电、输电、配电和智能电网 43
非政府组织 139
分布式可再生能源发电 81、139
分时电价 125、126、139、140、185、186、187
风能 86

## G

工作场所充电 35、49、55、149、153
国家环境空气质量标准 92、93、99
国家环境空气质量标准（NAAQS）93
国家能源效率倡议 170
国内生产总值 91、96

## H

汉能 164
核证的减排 110
化石燃料 108、113、123、168
化石燃料燃烧 110、117
环境空气质量标准和法规 92
环境效益 8、29、92
挥发性有机化合物 91

## J

减排基金 170

近距离无线通信技术 44

经二氧化碳核证的减排 110

经济、金融与政策 106

## K

开放充电站点议定书 151

开放式互充电协议 159

可再生能源发电 55、64、73、82

空气污染物 91-109

## L

联合国《巴黎气候变化协定》189

联合国可持续发展目标 136

零排放充电挑战（ZECC）计划 98

路边充电 154

绿色车辆税计划 171

## M

慢性阻塞性肺疾病 91

美国环境保护署（EPA）91、92

## P

配电自动化 73、74

## Q

汽车共享 147、158

汽车租赁公司 147

氢能电动汽车 154

清洁电力计划 3

## R

日本充电服务 168

容量因子 85

融资策略 49

## S

射频识别 44

生命周期分析 19、36

实时电价 7、9、10、87

水力发电 148、161

## T

太阳能充电站和电动汽车充电的商业模型 8

太阳能光伏（PV）55、83、84、85

碳税 138

特斯拉超级充电站 34、65、125、152、154

通风和空调 62

通用汽车 14、15、51、61

## W

外交事务 108、109、113、127

无线充电设施 53、54

## X

新污染源性能标准 92

性能比 85

**Y**

亚太电动车协会 161

**Z**

增程式电动汽车 13、55